一日３分でかしこいクラスづくり

朝の会・帰りの会＆授業でそのまま使える！

子どもたちに伝えたいお話 75選

佐藤 正寿 著

明治図書

まえがき

日本には、昔からある伝統行事、豊かな文化、誇るべき技術等、多くのよさがあります。私は、それらについて、子どもたちにもっと伝えるべきと考えます。

自国の先人が、どのようにして伝統と文化をつくり、発展させてきたかを知ることは、子どもたちの教育にとって大切なことです。そこで得た知識が、子どもたちのものの見方や考え方の基盤になるからです。

今後さらに国際化する社会で、子どもたちは生きていきます。他国の人々と交流する中で、自国についての知識や、それを説明できる力を身に付けることが不可欠となってきます。

この本は、このような視点から子どもたちに伝えたいお話を、75本選んだものです。「日本のよさを伝えるお話」「年中行事にまつわるお話」「祝日の由来を知るお話」「記憶に残したい日のお話」「名言・格言で心を育むお話」の五つの内容について記しました。私たちが子どもたちに伝えたい内容ばかりです。

たとえばお正月や節分といった年中行事や祝日の趣旨、日常生活での日本の特色等について、学校で教える機会はそれほど多くはありません。そのことを伝えるだけで、教育的な意義は大きいと思われます。

そして、その中で、「ああ、日本にはこんなにすばらしい点があるんだ」「すごいなあ。先人の知恵は」といったことを感じさせたいものです。

本書にある一つ一つの項目は、二〜三分程度で子どもたちに読み聞かせできるものです。朝の会や帰りの会はもちろん、関連する授業や給食時間等で短時間に話すことが可能です。決して多くの時間を割く必要はありません。教室に常備して、ちょっとした時間に活用していただければと思います。また、学級通信等に「ちょっとしたエピソード」として、この本の内容を紹介することもできます。

タイムリーな話題に子どもたちは、興味を示すと思います。

なお、書かれている内容については正確さを期しましたが、内容によっては言い伝えが推測の場合がありますし、風習等は地方によって異なる場合もあります。その点を考慮して、読み聞かせていただければと思います。
この本を通じて全国各地の教室で多くのお話が伝えられていくのなら、著者として望外の喜びです。

本書の発刊に際しては、明治図書教育書編集部の林知里さんに大変お世話になりました。企画や具体的な編集のみならず、転載許諾や内容の事実確認等、細かな部分までご支援いただきました。
心より感謝申し上げます。

平成二十八年三月

佐藤　正寿

目次

第2章

四季を大切にする子を育てる　年中行事にまつわるお話

第3章

明日は何の日？　祝日の由来を知るお話

第4章 子どもの心に留める 記憶に残したい日のお話

第5章

ここぞというときに伝えたい　名言・格言で心を育むお話

第1章

日々の暮らしから再発見
日本のよさを伝えるお話

日本を代表する衣服　美しい着物

それぞれの国には、そこに住んでいる人々独自の衣服があります。「民族衣装」と言われますが、日本の場合には「着物」です。正しくは「和服」なのですが、「着物」と言った方が皆さんにはわかりやすいですね。

お正月や結婚式、成人式などで着物を着ている人を見たことがある人もいることでしょう。古くから様々な着物がありましたが、平安時代の「十《じゅう》二《に》単《ひとえ》」などは特に有名です。

着物の美しさはその色や模様にあります。鮮やかな色、そして細やかな模様は、着物ならではのものです。

着物は着る場所や目的によって、「晴れ着」「外出着」「普段着」などに分かれます。晴れ着などは式などで着ますし、普段着はその名の通りふだん身に着けている着物です。日本でもかつては家の中でも着ている人がいたのですが、今は少なくなりました。

着物には美しさだけではなく、様々なよさがあります。

たとえば、熱い夏を快適に過ごすために、脇の部分に通気口があり、涼しく着ることができます。逆に、冬は洋服に比べて大変暖かいです。

体型に関係なく着ることができる点もよさです。親の着物を子も着るということも珍しくありません。また、着古した着物を染め直したり、縫い直してふとんや織物にしたりすることもできます。

着物を大切に使うという日本人の知恵がここに表れています。

さて、皆さんの中には「浴衣なら着たことがあるよ」という人もいることでしょう。夏のお祭りや花火大会に行くと、浴衣姿の人を見かけますね。

実はこの浴衣、もともとはお風呂に入るときに身に着けていたものでした。手ぬぐいや洗面器と同じように入浴道具だったわけです。それが湯上がりに着るようになり、今では外でも着ていけるものに変わったのです。

もともとはお風呂で身に着けるものでしたから、浴衣を着て出かけていい場所を考えなければいけませんね。

一言ヒント

「着物」には「身に着ける服」という意味もありますが、ここではあえて「和服」という意味の「着物」について述べています。

正座　しびれるのに正しい座り方？

「正しく座る」と書いて「正座」と言います。

畳などに座るときにしますね。自分の足を折りたたみ、その上に体をしっかりと乗せる姿勢です。きちんと正座している姿を見ると、礼儀正しい人と見られますね。

ところが、短い時間ならいいのですが、長い時間正座を続けるのは大変です。動きにくいだけではなく、やがて足がしびれてくるはずです。そして、いざ立とうとしたら、足が言うことをきかずに立てない……そんな経験がある人もいるのではないでしょうか。

どうして足がしびれるような座り方が「正しく座る」という漢字の「正座」なのでしょうか。

今から数百年前の武士たちが戦う時代のことです。その頃の武士たちは、「あぐら」や「立て膝（片方の足を立てて座る）」が普通でした。戦いの世でしたから、足がしびれることなくすぐに行動できる姿勢がいいとされていたのです。

それが平和な世の中になって、相手に「あなたを襲いません」という姿勢が大切にされるようになりました。それが正座です。それというのも、足に体重をかけることで、しびれて動きにくくなる姿勢だからです。しびれたら、相手を襲うことは当然できませんね。正座は、相手を安心させるための座り方だったのです。だから、正座をしてしびれることは当然のことなのです。

ここで、しびれの対処法を教えましょう。

まずは座り方です。かかとの上にそのままお尻を乗せると、体重がかかり、しびれやすくなります。ひざを少し開けて、左右の足の親指を重ね合わせるようにして座ると、しびれは少なくなります。それでもしびれは時間が経つと来ますから、そういうときには、片方の足に重心をかけ、もう片方の足を休ませます。休ませている足のしびれはこれでとれます。これを繰り返すのです。

また、立ちあがる際にしびれていたら、歩くのも大変です。すぐに前に歩こうとしないで、一回後ろに下がってから歩き始めましょう。

正座をしすぎて足がしびれ、恥をかくことがないようにしたいものです。

一言ヒント

畳の部屋を利用する機会があるときに、この話をすると効果的です。しびれの対処法も覚えておくと役立ちます。

和室は日本人の知恵の宝庫

「日本の家」や「和室」といえば「畳」を思い浮かべる人も多いと思います。自分の家にも畳を敷き詰めた部屋がある人もいるでしょう。

畳は日本独特の文化です。千年も前にすでに今の畳と似たものができており、その頃は座ったり寝たりするためのものとして、部屋の一部に敷かれていました。それがやがて部屋全体に敷き詰められるようになって現在に至っています。

畳にはいくつものよさがあります。たとえば、空気をきれいにしてくれたり、音をよく吸収してくれたりします。い草からできているのですが、その香りや見た目の雰囲気がリラックスさせるという効果もあります。「畳の部屋は落ち着く」と感じている人もいるでしょう。

畳の部屋では椅子は使いません。そのまま座りますね。これも畳のよさです。

ただし、お客さんが来たときに座布団を出すことがあると思います。また、みんなも座布団に座ることもあるでしょう。この座布団の使い方にもマナーがあります。

まず、座布団の置き方です。座布団には四つの辺がありますが、一つだけ縫い目のない辺があります。その辺が前方になるように座布団は置きます。また、よく見ると座布団の真ん中に糸が集まっています。房《ふさ》と言いますが、それが見える方が表になります。表にも裏にも房がついている場合には、どちらを表にしてもいいのです。これで「座布団敷いて」と頼まれても大丈夫ですね。

座り方で注意しなければいけないのは、座布団を踏みつけて座ってはいけないということです。相手のもてなす心を踏みにじることと言われています。

和室に畳と共にあるのが障子や襖《ふすま》です。

日本には四季があり、夏は暑く、冬は寒いです。夏は、障子や襖を全部開け放って風が入るようにし、冬は全部閉め切って暖かさを保つように工夫をしてきました。快適に生活するだけではなく、襖には花や木などを描いて、その絵を見るのも楽しんでいました。

こう考えると和室一つにも日本人の知恵がたくさん入っていることがわかります。

一言ヒント

社会で書院造の学習をするときに、和室はちょうどいい題材です。学校に作法室がある場合には、その様子を例に出すと子どもたちの理解度も高まります。

お辞儀と握手が大切な理由

日本はあいさつを大切にする国と言われています。皆さんも一日の中で多くのあいさつをしていますね。「おはようございます」「行ってきます」「こんにちは」「いただきます」「ごちそうさまでした」「さようなら」「ただいま」「おやすみなさい」……実際に言う言葉だけでもたくさんあります。

「身振りのあいさつ」もあります。友だちに「おーい！」と手を振るのもあいさつですね。お辞儀や握手も大切なあいさつです。

ところで、言葉のあいさつはそれぞれ意味がわかりやすいですが、身振りのあいさつにはどのような意味があるのでしょうか。

一番皆さんがするのはお辞儀ですね。授業の始まりや終わり、全校朝会、式のときにしますね。それだけではなく、「ありがとうございました」「ごめんなさい」と言ったあとにお辞儀をすることもありますね。

これは「あなたを大切に思っていますよ」という意味です。もともと頭は急所と言って、人間の体で弱い部分です。その頭を相手の前に出すことによって、「自分はあなたを敵とは思っていません」ということを伝えていることになるのです。

廊下で友だちとすれ違うときには、手を振ることが多いでしょう。でも、手を振るような相手ではないけど、無視もしたくないような相手とすれ違うときには、軽くお辞儀するのがいいですね。「会釈」というものです。「私はあなたを大切にしていますよ」という気持ちが伝わりますよ。

握手することはお辞儀ほど多くはありません。でも、大事な人と会うようなときにはする機会もあります。これも「自分は武器を持っていません。あなたを大切にしていますよ」ということを表していると言われています。

握手のポイントは、ある程度力を込めて握り、相手の目をしっかりと見ることです。もちろん、怖い顔で見ては失礼にあたります。笑顔で見ると、「お会いできて嬉しい」という気持ちが伝わります。

一言ヒント

お辞儀や握手の理由を教えることによって、その動作に心が入ってくるようになります。会釈や握手は、教師が実際にやってみると子どもたちも真似するようになります。

世界へ進出する日本の醤油

「和食の調味料の『さしすせそ』」という言葉を聞いたことはありませんか。「さ」＝砂糖、「し」＝塩、「す」＝酢、「せ」＝醤油、「そ」＝味噌のことです。醤油は昔の言葉で「せいゆ」と書きました。

醤油は日本料理にとっては欠かせないものでした。江戸時代に生まれた握り寿司、天ぷら、蕎麦などは醤油があったからこそ発展した料理です。今も和食にとっては一番身近な存在です。

醤油は様々な料理の味付けはもちろんですが、その他にもいくつもの効用があります。たとえば、生臭さを消す効果があります。刺身に醤油をつけて食べるのはその例です。また、大腸菌などを静かにさせる効果もあります。醤油漬けや佃煮などの日もちがいいのはこのためです。

日本の醤油がいつ頃誕生したのかははっきりしません。ただ、今から三百～四百年前に本格的に作られ始めています。研究が進んで大量に作られるようになったのは今から百年ほど前のことです。

醤油といってもいろいろな種類があります。生産されている多くは「こいくち醤油」なのですが、「うすくち」「たまり」「刺身醤油」といったものもあります。スーパーなどに行くといろいろな種類の醤油があることがわかります。

醤油の美味しさの秘訣は、「旨味（うまみ）」「甘味（かんみ）」「酸味（さんみ）」「塩味（えんみ）」「苦味（にがみ）」の五つの味にあります。これらがバランスよく混じっているのです。甘味などは意外と思うかもしれませんが、全体の味を柔らかくしています。

日本の醤油は二百〜三百年前にすでにオランダに輸出されていました。「質がいい調味料」として当時も評判でした。今も外国では「万能調味料」と言われているほどです。外国のそれぞれの料理にうまくとけ込むからです。そのような調味料は珍しいのです。

現在では世界の百カ国以上で醤油が使われ、外国にも醤油工場があります。将来皆さんが外国に行ったとき、意外といろいろな国で醤油を見かけるかもしれませんね。

一言ヒント

醤油は中国や韓国等にも似た調味料があり、日本独自の調味料ではありません。ただ、私たちの生活で広く普及しているという点で知っておきたい内容です。

切っても切れない「日本人」と「お茶」

「飲み物」にはたくさんの種類がありますね。ジュース、お茶、コーヒー、ココア等、その場に合わせて皆さんも飲むことでしょう。その飲み物の中で日本人にとって身近なのが「お茶」です。「静岡茶」というように日本の各地で多くの茶の葉が生産されています。

お茶のいい点はいくつもあります。

まず、お茶で口の中の細菌の増加を防ぐことができます。食後にお茶を飲むことはその点で効果があります。お茶には虫歯を防ぐ働きもあると言われています。お菓子などを食べたあとには効果があります。他にも食中毒を防いだり、体の調子を整えたりする効果もあると言われています。

また、お茶には大脳を興奮させるカフェインが入っていますから、眠気を覚ますにもいいです。ただし、寝る前に飲むと寝付けない人もいますから、注意が必要ですね。

このように、私たちにとって身近なお茶なのですが、決められたふるまいでお客さんにお茶を入れる「茶道《さどう》」という文化が日本にはあります。「茶の湯」とも言われます。

お茶を楽しむだけではなく、多くの礼儀作法に基づいて行われます。茶道教室もあるくらいです。使われるお茶は抹茶です。皆さんにとっては、お茶よりもお菓子やアイスでなじみが深いかもしれません。

そのようなお茶が日本人にとって身近な存在だった証拠に、関係する言葉やことわざがいくつもあります。皆さんが知っているのには何がありますか。

たとえば、「お茶の子さいさい」。物事が簡単にできるときに、「そんなのお茶の子さいさいだ」というように使います。「お茶の子」とはお茶に添えて出されるお菓子のことで、お腹いっぱいにはなりません。お手軽、簡単という様子を表します。

「お茶をにごす」とは、その場しのぎでごまかすことです。茶の作法を知らない人が、ほどよく茶をにごらせて、取り繕ったところから来ています。

他にも「日常茶飯事」「茶柱が立つと縁起がいい」といったように多くのお茶に関する言葉やことわざがあります。自分で調べてみるのもおもしろいですね。

一言ヒント

学校ではお茶を飲む機会は少ないと思われます。日常の話題として日本人に関係が深いということを話したいものです。

季節と節目を彩る和菓子

「お菓子」と言えば皆さんは何を思い浮かべますか。ケーキ、お煎餅、ポテトチップス……次々と出てきますね。

そのお菓子の中でも、日本のお菓子、あるいは日本風のお菓子を「和菓子」と言います。羊羹、団子、どら焼き、饅頭、大福といったものです。これらに対して、ヨーロッパなどから入ってきたお菓子を「洋菓子」と言います。

和菓子の特徴は甘いものが多いということです。日本茶や抹茶に合いますね。また、材料も米、麦、豆、砂糖といった日本人の食生活になじみの深いものが多いです。洋菓子よりも脂肪分が少なく、カロリーも低めです。

和菓子と言えば、「季節のもの」があります。

たとえば、よもぎ餅（草だんご）は春を代表する和菓子です。

夏になれば、冷たい水羊羹が美味しいですね。

ぼたもちとおはぎを食べたことがある人もいるでしょう。これらは、名前は違っていても同じ和菓子です。春に牡丹《ぼたん》の花が咲く頃に食べるので「ぼたもち」、秋に萩の花が咲く頃に食べるので「おはぎ」と言っていたのです。「棚からぼたもち」ということわざがあるくらい、人々の生活になじみのある和菓子なのですが、このように季節によって名前を変えているように、日本人は季節とその時々の和菓子を楽しんできたと言えます。

また、和菓子の中には特別にデザインされたものもあります。梅や桜、鶴や亀といった形です。それらを見ているだけでも楽しいものです。

和菓子はふだん食べるだけではありません。人の一生の節目にも関係があります。たとえば、桃の節句、端午の節句といった節句のときにはひなあられや柏餅を食べますね。卒業といったお祝いごとのときには紅白饅頭がつきものです。結婚式といった大事な式でも式用の和菓子があります。

そう考えると私たちの生活だけではなく、人生においても和菓子は欠かせないものと言えますね。

一言ヒント

子どもたちは日常では和菓子を食べる機会はそれほど多くはないと思われます。節句のときや給食に特別に和菓子風のものが出たときが話すチャンスです。

世界に羽ばたく折紙

皆さんは折紙をしたことがありますね。どのようなものを作ったことがありますか。折鶴、手裏剣、風船、紙飛行機……まだまだあることでしょう。

この折紙は外国でも昔から行われていましたが、日本ほど広くは広まりませんでした。日本ではすでに三百年前に折紙が流行し、折鶴が浮世絵に描かれるほどでした。さらに二百年前には世界で一番古い折紙の本ができています。

今は、「ORIGAMI」という言葉が外国でも使われています。日本の文化として外国でも有名なのです。

折紙には「遊戯折紙」と「儀礼折紙」があります。

遊戯折紙は、皆さんがする折鶴のような遊びでの折紙です。それに対して儀礼折紙は贈り物を包むようなものです。折紙の歴史からすれば、儀礼折紙の方が古く、今も紅白の熨《の》斗《し》包みとして残っています。

日本に折紙が広まったのにはいくつかの理由が考えられます。

まずは和紙の存在です。畳んでも折っても丈夫な和紙が開発され、複雑な折紙を可能にしてきました。他にも扇子や紙衣《かみころも》（紙の服のこと）のように、和紙から日本独自の文化が生み出されてきました。

また、日本では正方形や長方形の美しさを大切にする文化もありました。日本で長方形に区切られた田んぼを「美しい」と思ったことがある人もいると思います。折紙は、辺と辺、角と角を合わせて折ることが多いものです。折紙の中に日本らしい美しさを見出していったのです。そう考えると確かに今も折紙に使う紙は正方形ですね。

日本では病気になった人が早く元気になるようにという願いを込めて、折鶴を贈ることがあります。千羽鶴などは有名ですね。これは「鶴は千年」という言葉から来ており、千羽折れば、病気が治ったり長生きができたりすると言われています。

また、広島の原爆にあい回復を願って千羽鶴を折り続けた佐々木禎子さんの話は有名で、今も広島の平和記念公園には多くの千羽鶴が供えられています。千羽鶴は「世界平和のシンボル」とも言えるのです。

一言ヒント

図工や学級の飾り付け等で折紙に取り組むときがあります。そのときに話題にしたい内容です。

賢さを鍛えるそろばん

「そろばんの日」というのがあります。八月八日です。「八・八」はそろばんの珠《たま》をはじく音である「ぱちぱち」に通じるということで記念日になりました。

そろばんは、もともとは外国で生まれたものですが、日本には五百年ほど前に中国から入ってきたと言われています。日本の最古のそろばんは今から四百年前のもので、現在も残されています。

江戸時代になると商人や武士の間でも広がり、商人の多い地区では寺子屋でそろばんを教えていたほどでした。昭和に入ってからも銀行や事務の仕事で計算機として重要な役割を果たしてきました。

もっとも今は、計算機と言えば皆さんは電卓を思い浮かべる人も多いでしょう。ボタンを押せばあっという間に足し算やかけ算等をする電卓は確かに便利です。

単に計算だけなら、そろばんは電卓にはかなわないかもしれません。

ところがそろばんには計算だけではないよさがあります。

たとえば日本人は簡単な計算は暗算でできます。これは外国に行ったときに驚かれることです。その計算力の向上のためにそろばんが今まで役立ってきました。

また、「集中力を養うことができる」「情報を速く処理できる」「指先や脳を鍛えるために効果がある」と言う人もいます。

確かにこれらの力はコンピュータ社会となった現代でもいろいろなことに役立ちます。

ところで日本のそろばんは、日本人が使いやすいように今まで改良を重ねてきました。たとえば、中国から入ってきた時点で珠は丸いものでした。それを今使われているようなひし形に変えました。また、五珠が二つだったのを一つに、一珠が五つだったのを四つにしています。また、大きさも持ち運びに便利なように小さくしています。

また、伝統工芸品としてそろばん作りが有名な地域があります。兵庫県の播州《ばんしゅう》そろばんや島根県の雲州《うんしゅう》そろばんなどです。最近では海外にそろばんが輸出されているほどです。

一言ヒント

算数でそろばんの学習をするときや暗算をするときに、エピソードとして話したい内容です。

文化としてのランドセル

四月。入学した子どもたちは、真新しいランドセルを背負いながら登校をします。「ランドセル」という外来語から、「外国でも似たようなものがある」と思われるかもしれません。しかし、背負い型のタイプのかばんで登校するのは一部の国だけです。しかも、それはリュックサックのようなもので、ランドセルはまさに日本だけのものと言えます。

ランドセルとは、オランダ語のランセルに由来しています。「背負う物入れ袋」という意味です。その言葉は江戸時代の末に、洋式の軍隊訓練を日本でも行おうとしたときに、入ってきた言葉です。

このランドセル、学校に取り入れられてから百年以上の歴史があります。

最初のランドセルは今のリュックサックに近いものでした。やがて、今のランドセルのように箱型のものが誕生します。時の内閣総理大臣、伊藤博文が大正天皇の小学校入学のお祝いに、特別注文をしたものをプレゼントしたのがその始まりとされています。

そのような歴史があるランドセルといっても、すぐに全国に広まったわけではありません。昭和の初めに普及し始めますが、それはあくまでも都会だけの話で、地方では風呂敷に学習用具を包むことが一般的でした。本格的に広まったのは昭和三十年代以降です。以前は男子は黒、女子は赤がランドセルの定番色だったのですが、今は青、ピンク、茶といった様々なランドセルの色があります。

ランドセルの製作は今もほとんどが手作業です。一つ作るために必要な部品は百個以上もあり、丁寧に作られています。

また、「思い出がぎっしりと詰まったランドセルをお気に入りの形で残しておきたい」という人のために、「ミニランドセル」に変えてくれる業者さんもいます。熟練した職人さんが一つ一つ丁寧に手作業で解体し、ミニチュア用部品を使って、美しく仕上げをするのです。

自分が使ったランドセルの革を使ったものですから、自分の思い出がいつまでも残ることになるでしょうね。

一言ヒント

小学校六年間、ランドセルは毎日一緒です。子どもたちも自分のランドセルに愛着をもっていると思います。日本独自の文化品とも言える一方、今は、海外セレブもファッションとして使っているそうです。

外国人が驚くトイレの技術

日本を訪れる多くの外国人が驚くことに、トイレの温水洗浄技術があります。お尻を温水で洗う便座のことです。私たちにとっては、それほど珍しくはなくなりましたが、それは日本でのことで、外国では普及率がまだまだ低いのです。

このことに象徴されるように日本はトイレに関する技術が高いです。

たとえば、節水の技術です。

生活用水の中で一番水を使う量が多いのは「お風呂」で、その次が「トイレ」です。東京都の調査では、トイレが生活用水全体の二一％を占めています。（東京都水道局「平成二十四年度一般家庭水使用目的別実態調査」）

そこで日本では水を節約するトイレの開発にも努めており、そのタイプのものが広まっています。

トイレはすでに千数百年前に記録が残っています。「厠《かわや》」と呼ばれていたもので、水が流れる溝の上に設置されていました。その様子から「川屋」と言われています。

江戸時代頃からは、排泄物を「肥《こえ》だめ」にためておいて肥料として役立てていました。中には自分の家以外から排泄物を購入している農家の人もいたほどです。これは肥料として役立つだけではなく、排泄物の処理方法としても合理的なものでした。

現在の日本でも、様々なトイレが開発されています。

たとえば、高い山に登ったときにトイレは大問題です。そのまま自然の中で用を足すと環境を破壊するということから「バイオトイレ」が富士山には設置されています。これはオガクズで排泄物を分解するものです。「水を使わないトイレ技術」です。

また、携帯トイレというのもあります。排泄物を薬で固め、ごみとして捨てるものです。自動車が渋滞しているときなどに重宝されています。

その他にも飛行機や列車等の特別な場所でのトイレも開発されています。

日本のトイレ技術は清潔さを求めて、これからも開発されていくことでしょうね。

一言ヒント

子どもはトイレの話が好きです。快適なトイレ環境を求めるために技術が進歩していることを伝えたいものです。

昔話・伝説・神話で楽しむ不思議な世界

民話は、昔の人々から口伝えされてきたお話です。

皆さんが知っている「昔話」もその一つです。どんな昔話を知っていますか。「桃太郎」「浦島太郎」「さるかに合戦」「おむすびころりん」……たくさんの昔話を知っていますね。

それらの多くは「むかしむかし……」と始まるように、いつの頃のお話かはわかりません。また、登場人物も「おじいさん」「おばあさん」というように名前がはっきりしないものが多いです。

そして、お話が本当にあったことかどうかはわかりません。でも、それが昔話のおもしろさでもあります。皆さんも浦島太郎の行った龍宮城があったら行ってみたいでしょうね。

「伝説」も民話の一つです。聖徳太子伝説、源義経伝説というように、実際の歴史上の人物の言い伝えや、河童伝説や雪女伝説のようにある場所にいるとされているお話などがあります。

そんな中で、子どもの伝説として有名なのが、「座敷わらし伝説」です。岩手県を中心とした東北地方に伝えられているものです。五～六歳ぐらいのいたずら好きの子どもとされており、座敷わらしを見た人には幸せが訪れると言われています。座敷わらしがいなくなってから、その家は不幸になった……という話もあります。

伝説ではこのように不思議な世界を楽しむことができます。

「神話」とは世界の始まった頃を説明する物語です。世界のいろいろな国々に存在しますが、日本には「日本神話」と呼ばれるものがあります。「古事記」や「日本書紀」といった千数百年前の書物等をもとにしています。

日本の神々の誕生の話、日本列島の島々ができた話、稲・麦・大豆の種が生まれた話といったように、多くの話が残されています。

このような昔話・伝説・神話の本を読んでみましょう。一味違った世界に浸ることができますよ。

一言ヒント

民話は地方によって、その内容が異なる場合が多いものです。また、地方独特の民話もあります。もし住んでいる都道府県にあったら、ぜひとも紹介したいものです。

日本語が「外国語」になる?!

「寿司」「すき焼き」「天ぷら」。これらは日本を代表する料理です。そして、外国でも「スシ」「スキヤキ」「テンプラ」と言われているのです。

日本で使われている言葉が外国語になる……これは日本の文化が海外に輸出され、広がっていることを意味しています。

生の魚を食べる習慣がないアメリカ合衆国でも、今から三十年ほど前に、「寿司は低脂肪でヘルシーな料理」という理由から、人気が出ました。今では、アメリカ合衆国だけではなく、ロシアやヨーロッパでも「スシ・レストラン」は広がっています。

日本の歴史の中で、江戸時代は外国人にとって興味がある時代です。

その中でも「サムライ」や「ニンジャ」は外国語になっている言葉です。

「サムライ」は武士の別名です。黒澤明監督の「七人の侍」という映画が外国でも有名で、日本の昔の時代の様子をイメージする言葉として外国では定着しています。

「ニンジャ」は、武士の時代に殿様に仕えて、様々な術をもって敵の情報を手にしたり、時には襲ったり……という仕事をしていた人たちです。今もテレビのドラマなどで出てきますね。これも映画などでアメリカやヨーロッパに広まった言葉です。

サムライにしてもニンジャにしても、日本を表すものの一つとして今は存在しています。

最後に「マンガ」のことを紹介します。皆さんの中にも大好きな人がきっといますね。

マンガは漢字で「漫画」と書きますが、すでに二百年ぐらい前に使われていた言葉でした。それが百年ほど前に今のマンガと同じように物語や吹き出しが入ったものができました。五十年ほど前には、週刊誌も発売されました。皆さんの家族も、小学生の頃はきっとマンガに夢中になっていたと思います。

三十年ほど前から外国にもマンガの本が輸出され大人気となり、「マンガ」という言葉はそのまま外国語となりました。「ドラえもん」などは特に有名です。また日本のテレビアニメも外国で広まり、物語の内容と絵が注目されています。マンガをきっかけに日本の文化や日本語を学ぶ人も多くおり、日本の文化として広く知られているのです。

一言ヒント

他にも「カラオケ」「フトン（蒲団）」「ベントウ（弁当）」なども外国語になっています。調べてみるとまだまだあることがわかります。

歌い継がれてきた民謡・わらべ歌・子守唄

「ひーらいた、ひーらいた」「とおりゃんせ、とおりゃんせ」……こんな感じで始まる歌を聞いたことがありますね。子どもの遊びの中の歌です。

誰が、いつから歌っているのかはわかりませんが、長い間歌い継がれてきて、今も歌われています。このような歌を「民謡」と言い、その中で特に子ども用の遊び歌を「わらべ歌」と言います。

皆さんが知っているわらべ歌にはどのようなものがありますか。「花いちもんめ」や「かごめかごめ」、「あぶくたった」などは有名ですね。

わらべ歌は、歌いやすいものが多く、小さい頃から歌われてきているので、大人になっても記憶に残っていることが多いです。自分が親になったときに子に伝わっていきます。

子どもたちの遊びも昔と今では違いますが、時にはみんなで、わらべ歌で遊ぶのもいいですね。

先に話したように、民謡は、口から口へと長い間歌い継がれてきたものです。様々な地域ごとに歌われてきた曲は、数万曲と言われています。

それらの歌詞の多くは、仕事に関わるものです。たとえば、田植えや山での仕事のときに一定のスピードで作業するときに歌われていました。黙々と作業をするよりも、一緒に歌いながら作業する方が、元気が出たことでしょう。

また、結婚を祝う歌や盆踊りの歌といったように、人々の楽しみとして歌われる民謡もあります。

こう考えると、民謡は昔の人々の生活では大切な歌だったことがわかります。

「子守唄」は小さな子どもたちを眠らせたり、遊ばせたりするための歌です。日本でも、昔から歌い継がれてきました。有名なものに「ねんねんころりよ　おころりよ」で始まる江戸子守唄があります。また、子守をさせられた子どもたちが、自分のことを歌に託したものも多くあります。

わらべ歌・民謡・子守唄。皆さんが好きな今の曲もいいですが、時には歌い継がれてきたこれらの曲もいいものですよ。

一言ヒント

民謡やわらべ歌などは、音楽の時間に学習する機会もあります。そのときにミニ知識として与えたい話です。

「道」が示す修行の文化

国語で「書写」の時間があります。硬筆・毛筆の書写が得意な人もいれば、苦手な人もいますね。

その書写と関係のある言葉に「書道」があります。「書写」が「文字を正しく整えて書き写すこと」であるのに対し、「書道」は「文字の美しさを表す文化」です。

このように、「～道《どう》」という名前がつく日本の文化は他にもたくさんあります。「茶道」はお茶をたて振る舞うものです。「華道」は草花を器に挿して表現したり鑑賞したりするものです。「香道《こうどう》」といって、香りを楽しむ作法もあります。

「道」は、人として修行を目的として行う専門分野を示す言葉として使われます。

何事でも習い始めて努力を重ねれば、その分野での技を磨くことができます。それには終わりがありません。修行をして技が高まり、同時に人格の向上につながること、それが「道」の特徴です。

たとえば華道では、ただ美しく挿すだけでは十分ではありません。その草花の生命の大切さを感じる心を育てることが華道です。そのために、師から弟子に厳しく教えます。それが稽古です。花を生ける技術だけではなく、その考え方や人としての生き方まで及びます。

これは華道だけではありません。他の芸道についても同じです。

皆さんは毛筆の書写を学習していますが、ふだんの生活で筆を使うことはほとんどありませんね。鉛筆やボールペンが中心ですね。しかも、毛筆で字を書くことは難しいと思っている人も多いですね。墨や硯なども簡単に持ち運びができません。

ただ、鉛筆やボールペンは限られた太さでしか書くことができないのに対して、毛筆は細い線から太い線まで一本の筆で表現できます。さらに「濃い淡い」といったものもできます。

また、日本に残っている書道作品は、昔から日本で作られていた和紙に書かれており、保存性は優れたものです。千年以上前の書も残っているほどです。

書写では、それらの文化の一部を学んでいることになるのです。

一言ヒント

小学校三年生以上では、書写を学習します。「書道」ではないものの、その意義を伝える話です。

世界に広まる日本の武道

「武道」という言葉があります。「武道館」という建物がありますが、これはその「武道」をするための施設です。

武道とは、もともとは戦いのための技術だったものが、平和な時代の今は自分を鍛えるための運動になったものです。

たとえば、「〜道」と名のつく運動にはどのようなものがありますか。柔道、剣道、弓道……など多くの武道があります。皆さんがよく知っている相撲でも、「相撲道」という言葉があります。

これらは日本で生まれ、そして今もする人が多い武道です。皆さんの中でも習っている人がいますね。

武道はもともとは戦いのための技術から生まれています。

たとえば、剣道は剣術から生まれたものです。竹でできた刀である竹刀《しない》を使って戦います。江戸時代には、本物の刀を使って戦うための技術でした。弓道も戦いの技である「弓術」から来ています。昔から弓は、武士が身に付けておくべき大切な技の一つでした。柔道も柔術から発展したものです。

それぞれ「術」だったものが何に変わっていますか。「道《どう》」になっていますね。「道」に変わったのは、「稽古を通じて、技術だけではなく人格を鍛える」という意味があるからです。そのため、どの武道でも礼儀作法が大切にされます。「礼に始まり、礼に終わる」という言葉があるくらいです。

日本で生まれた武道は、今は世界各国に広まっています。特に有名なのは柔道です。オリンピック種目にもなり、日本だけではなく、二百ケ国ぐらいの国々で行われています。特にヨーロッパでは人気のあるスポーツです。相撲の世界でも外国人の力士がどんどん入ってきています。

このように世界に広がっても、礼を重んじる武道の考えは変わりません。それだけ日本のことを理解する人が増えるということになりますね。

一言ヒント

柔道や相撲では有名な選手や力士について子どもたちも知っています。そのことも話題にすると関心が高まります。

守り継がれる世界遺産・世界無形文化遺産

世界にはそれぞれの国や民族が「我が誇り」と言えるような文化財や自然環境があります。それらは、未来の国や民族にも引き継ぎたい私たちの財産です。

今、それらを「世界遺産」としてユネスコという団体が認めています。日本にも二〇一六年二月現在十九の世界遺産があります。古都京都の文化財、姫路城、厳島神社、屋久島といったものです。この中には皆さんも写真で見たことがあるものもあると思います。

たとえば日本一高い「富士山」は有名ですね。世界遺産はその種類によって「文化遺産」や「自然遺産」等に分かれますが、富士山は、「文化遺産」としての登録です。富士山を神と見立て信仰・崇拝の対象とする「富士信仰」があること、また古くから和歌・文学・絵画の題材になっていることがその理由です。

また、現在の千円札には湖に映る富士山が描かれています。これは「逆さ富士」と言われ、なかなか見ることができない美しい景色です。

このように富士山は古くから日本人に愛されました。今も全国各地で富士山に似た山が「○○富士」と呼ばれているのはその名残です。たとえば、青森県の岩木山は「津軽富士」、秋田県と山形県にまたがる鳥海山は「出羽富士」というように言われています。このような「富士山」は全国各地に三百五十以上もあります。

建物や自然等の世界遺産とは別に、「世界無形文化遺産」というものがあります。伝統芸能といった形に残らない文化です。日本でもいくつかの伝統芸能が選ばれていますが、その一つが「歌舞伎」です。

歌舞伎は世界的にも有名な日本の代表的な演劇です。四百年の歴史をもち、三味線を中心とした音楽をもとに演じます。男が女に扮したり、独特の化粧をしたり、「見得《みえ》」といって動作を止めて、にらみをきかせたりと、特徴が多い演劇です。

今も人気があり、公演を多くの人々が楽しんでいます。公演は外国でも行われ、世界の歌舞伎のファンも広がっています。

一言ヒント

世界遺産は日本のものだけではなく、世界の人々も注目しているという点を強調したいです。また、自分の県に「○○富士」があったら、ぜひ教えたいものです。

物作りの心──発明国日本

日本は世界でも有数の発明の国です。テレビ、乾電池、シャープペンシル、インスタントラーメン等、身に回りにある多くのものが、日本人が発明したものなのです。そして今も、世界に役立つ技術や製品を発明しようとしている人は数多くいます。

もともと、日本人は、物作りに対する好奇心は高いものでした。そのことを表すエピソードが百数十年前にすでにありました。

江戸時代の一八五三年、ペリーが率いてきた黒船に日本人は大いに驚きました。その大きさ。巨大な大砲。黒い煙をはく蒸気船。すべて見たことがないものでした。

やがて日本人もそのような蒸気船を造りますが、皆さんはどれくらいで造ったと思いますか。

何とわずか二年後には、自力で蒸気船を造ることができたのでした。

薩摩藩（今の鹿児島県）の藩主島津《しまづ》斉彬《なりあきら》が、一八五五年に試運転をさせたのです。島津斉彬は、ペリーが来る前から蒸気船の製造を考えていました。外国の本にあった絵や図面を見て、製造しようとしていたと言われています。

実物を見ていなくても、新しい機械を作ろうとする精神。そして、短期間でその実物を作り上げてしまう力。改めて驚かされます。

幕末に活躍した人物で、佐久間象山《さくましょうざん》という人がいました。彼は、西洋の大砲を操縦することができた第一人者でした。操縦することだけではなく、自分で大砲を作ることもできました。それだけではありません。弾丸、小銃、火薬といったものも作っていきました。写真機、ガラス器、ブドウ酒まで作っています。

彼は、「自分でものを作らなければ、その要領はわからない」という考えをもっていました。だから、いろいろなものを作ることを説いただけではなく、自分から次々と作っていったのです。それは彼一人だけではなく、当時は当たり前のことでした。

このような先人の気質は、何も幕末や明治時代に限ったことではありません。最初に述べたように、今も、その気質が続いているのです。

一言ヒント

江戸時代の日本人のすばらしさを伝えるエピソードです。日本人が発明したものには、他にも「カラオケ」「インスタントコーヒー」「胃カメラ」などがあります。

驚くべき長寿国―長生き日本人

日本人は長生きです。二〇一三年の日本人の平均寿命は男子が約八十・二歳、女子が約八十六・六歳でした（二〇一五年版世界保健統計）。これは世界でもトップクラスです。

皆さんの知っている人でも八十歳を超えているお年寄りの方がいることでしょう。昔は八十歳を過ぎれば相当長生きだったのですが、今は珍しくなくなってきました。

ちなみに人口を調べるデータ上では、六十五歳以上が老人（老年人口）とされていますが、今の日本では、六十五歳まで生きる割合が男子が約八八％、女子は約九四％です（厚生労働省「平成二十六年簡易生命表の概況について」）。世界には平均寿命が六十五歳に達しない国々もあるので、この数値は驚くべきことです。

それぐらい日本は長寿の国なのです。

そんな日本も今から百年ほど前までは、平均寿命も四十四歳ほどでした。ちなみにその頃のヨーロッパの国々の平均寿命は五十歳ぐらいでした。日本の方が短かったわけです。

それが、この百年あまりで二倍近くまで平均寿命が伸びたのです。

これにはいくつかの理由が考えられます。

まずは、医療技術が進歩したことです。昔は多かった子どもの死亡が減り、お年寄りも治療により、より長生きができるようになりました。

また、食生活がよくなったことも大きな理由です。七十年ほど前は、「ごはん・味噌汁・漬物」が中心だったのですが、今は肉や魚料理等、栄養もバランスよくなりました。

家庭内に冷暖房も完備され住みやすくなったことも挙げられます。

ちなみに大昔の縄文時代の平均寿命は三十歳ほどで、女性が赤ちゃんを産むのも命がけでした。また生まれた子どもの二人に一人は亡くなっていたほどです。

長寿国ということは嬉しいことなのですが、心配なこともあります。それは、日本の将来はお年寄りの占める割合が多い国になるということです。今は二〇％代の六十五歳以上の割合が、二〇五五年には四〇％を超えるという予測もあります。働く人が少なくなり、お年寄りが増える時代の社会の在り方が研究されているのです。

一言ヒント

長生き世界一は日本の医療やその体制、また食生活等の環境のすばらしさを表しています。同時に心配事もあることも伝えておく必要もあります。

第2章

四季を大切にする子を育てる
年中行事にまつわるお話

おせち料理に込められた願い

正月になったら「おせち料理」を食べる人も多いと思います。

もともとおせち料理は、季節の変わり目に神様にお供えした料理でした。ですから漢字では「御節料理」と書きます。今ではお正月料理だけを指します。

日本では江戸時代になってから広まりました。もう何百年も日本人はお正月におせち料理を食べ続けているわけです。

さて、おせち料理にはどのようなものがあるでしょうか。

考えてみると実に多くの種類があることがわかります。これらにはそれぞれ意味があります。どのような意味か、皆さん、考えてみてください。

まずは「数の子」。たくさんの卵がついています。これは「子孫繁栄」といって、子どもや孫がたくさん生まれ、絶えることなく続いていくことを願ったものです。

「えび」。えびは曲がっていますね。人も腰が曲がるくらい長生きするようにという意味があります。

「昆布巻き」。これは語呂合わせになっています。「よろこぶ」につながります。「かまぼこ」。何色からできていますか。紅白ですね。その色合いから縁起のいいものとされています。

「黒豆」も入っていますね。この黒色には魔よけの力があるとされていました。また、「まめ」に働き、「まめ」にくらせることを意味していました。一生懸命に働き、健康にくらせるということです。

他にも栗きんとん、田作り、伊達巻、鯛など、それぞれ意味があります。お家の人に聞いてみるのもいいですね。

ところで、おせち料理は大みそかまでに作られます。これは、「火の神」を怒らせないために、正月にできるだけ火を使わないようにするためです。それだけではなく、料理を作る女の人たちを休ませるという意味もあります。おせち料理は、火を通していたり、酢に漬けたり、味を濃くしたりというように、ずっと保存のきくものが多いのも、そのためです。何日間も食べるにはちゃんと工夫があるのです。

一言ヒント

食材の意味については、子どもたちに考えさせるとわりと答えが出てくるものです。ヒントを与えながら楽しく予想させせましょう。

一月 今年の干支はなあに？

「あなたの干支は」と言われれば、すぐに答えられますね。また、今年の干支も簡単に答えられますね。ねずみ年、うし年のように、その年を動物で表したものを十二支と言います。さあ、皆さん全部言えますか。答えは次の通りです。

・子（ネ）ねずみ　・丑（ウシ）牛　・寅（トラ）虎　・卯（ウ）うさぎ
・辰（タツ）竜　・巳（ミ）蛇　・午（ウマ）馬　・未（ヒツジ）羊
・申（サル）猿　・酉（トリ）とり　・戌（イヌ）犬　・亥（イ）いのしし

この十二支が日本に入ってきたのは大昔ですが、人々の間に伝わったのは江戸時代と言われています。人々に覚えてもらうために、わかりやすい動物が選ばれたそうです。

先の動物の中で身近な猫は入っていません。外国の十二支では入っている国もあります。なぜ入っていないのでしょうか。次のような言い伝えがあります。

お釈迦様が動物たちに言いました。

「お前たちの中から、十二匹を選んで、一年ずつその年の名前にする。決められた日に早くあいさつに来た順に決めていく」

動物たちは一番目を目指しました。ところが、よく話を聞いていなかった猫は、決められた日を聞きもらしてしまいました。そこでねずみに聞きました。意地悪なねずみはわざと一日遅れの日にちを教えました。ねずみが「猫よりも早く行ける」と気をよくしていたら、すでに歩き始めている牛に会いました。ねずみは、牛の背中に入って隠れていました。そして、牛がゴールしようとしたときに、背中から飛び降りて一番になったのでした。牛は二番、三番は虎……というように順番が十二番まで決まりました。

猫は一日遅れで行ったので、お釈迦様から「顔を洗って出直してきなさい」と言われてしまいました。そのときから、ねずみを追いかけ、よく顔を洗うようになったのです。

それぞれの動物には願いが込められています。ねずみだったら子どもが増えていくように、牛だったら大切な食料と労働のためにというようにです。自分の生まれた年の願いを調べてみるのもおもしろいですね。

一言ヒント

他の十二支に込められた願いは次の通りです。「寅＝輝く星（美しい毛から）」「卯＝躍動」「辰＝権力者」「巳＝金運」「午＝役に立つ」「未＝家族安泰」「申＝明るく活発」「酉＝商売に縁起がよい（とりこむから）」「戌＝忠実」「亥＝無病息災（肉は万病を防ぐ）」

一月　伝えていきたい　お正月にまつわる伝統行事

一月一日。新しい年が始まり、正月になります。

ところで、よく聞くこの正月。いったい何日まででしょう。

もともと正月は昔の暦の一月の別名です。ただ、今は「三が日」や「松の内」を指すことが多いです。それぞれ言葉の通り、三が日は一月一日から三日まで、松の内は玄関に松飾りをつけておく期間です。松の内はもともと一月十五日までだったのですが、今は一月七日頃までという地域が多いようです。

正月には多くの伝統行事が行われます。初日の出、初詣というようにいくつか思い浮かぶことでしょう。その中から、「初夢」「七草がゆ」「鏡びらき」を紹介しましょう。

初夢は、一月一日〜二日、または二日〜三日にかけて見る夢のことです。七福神が乗った宝船の絵を枕の下に入れて眠るとよい夢が見られるとされています。ことわざで、「一富士、二鷹、三茄子」というものがあります。これらを初夢で見ると縁起がいいとされているものです。

七草がゆとは、せりやなずななどの春の七草を入れたおかゆのことです。一月七日の朝に食べると、一年中病気にならないと言われています。また、おせち料理で疲れた胃を休め、野菜を補うという意味もあります。

鏡びらきは、正月に供えた鏡もちをたたいてわり、お雑煮やしるこにしていただくものです。一月十一日に行われる地方が多いです。どうして、「鏡もちをわる」のに「鏡びらき」と言うのでしょうか。これは「わる」という言葉は縁起が悪いので、「運をひらく」にかけて「鏡びらき」となったのです。

これら三つの行事に共通するのは、「縁起がいいこと」や「健康であること」を願っているという点です。人々が幸せになることを願って、伝統行事も続いているのです。

「正月と言えば年賀状が楽しみ」と思っている人もいることでしょう。もともと日本では年始のあいさつをする行事があり、遠くの人には文書であいさつをしていました。それが一八七一年に郵便制度ができて葉書が発売されると、年賀状で年始のあいさつをする習慣が広まったのです。あいさつの代わりですから、心を込めて年賀状を書きたいですね。

一言ヒント

伝統行事を行う家庭も少なくなっていると思われます。逆にそれだからこそ、教える意義はあります。経験のある子たちにその様子を発表させたいものです。

昔ながらのお正月遊びに興じる

「お正月」という歌を知っていますか。「もういくつねるとお正月」という歌い出しから始まる曲です。その一番には二つの遊びが出てきます。「お正月には凧あげて　こまをまわして遊びましょう」と歌われているように、凧と独楽《こま》です。皆さんの中でも遊んだ人も多いと思います。

この曲ができたのは今から百年以上も前です。今はテレビゲーム、カードゲームなどが遊びの中心かもしれませんが、日本には昔から伝わった正月の遊びがあります。

凧あげ

凧あげが人々の間に広まったのは江戸時代になってからです。その頃は、いかの形をした凧や金銀をちりばめた凧、絹を使った凧等、様々な凧が繁盛しました。今も立体凧や連凧（小型の凧を複数重ねたもの）等、いくつもの種類の凧があります。

独楽（こま）

独楽は多くの種類があります。様々な独楽が生まれたのは凧と同じく江戸時代になってからです。そのときには子どもだけではなく、大人の遊びとしても流行しました。また、遊ぶだけではなく見世物としての名人も現われたほどでした。独楽が綱の上を回っていく様子を見たことはありませんか。今も郷土玩具となっている独楽もあります。

双六（すごろく）

双六には「盤《ばん》双六」と「絵《え》双六」があります。皆さんが思い浮かべる双六は、絵双六です。サイコロの出た目の分、駒を進めるゲームです。これも江戸時代から盛んになりました。双六の中に描かれた絵は、その時代の様子が描かれています。

福笑い

顔の輪郭だけ描いた絵に、目隠しをして目、鼻、口などを置いていく遊びです。できた顔を見て、そのおかしさを楽しむものです。

これらの遊びは日本独特のものではありません。しかし、数百年前から明治、昭和と正月の遊びとして伝えられてきました。もっとも、今はあまり行わなくなってきました。この正月を機会にしてみるのもいいですね。意外なおもしろさがきっとありますよ。

一言ヒント

今はこれらの遊び道具がない家も多いと思われます。大人はある程度経験があると思われるので、PTA行事で行うのも一つの方法です。

二月　節分で邪気を追い払え

二月三日は節分の日です。暦には季節が始まる日があります。「立春」「立夏」「立秋」「立冬」です。その前の日を「節分」と言っていました。文字通り「季節を分ける日」です。それがいつの間にか立春の前日を節分と言うようになりました。もともと、日本では元日が立春の日でした。そうなると節分は、その頃では大みそかにあたります。清らかな状態で新年を迎えたい。そして新しい年の前に豆をまくことで厄を祓《はら》いたい……そのような考えから、豆まきが始まったのです。

節分の豆まきと言えば、鬼になったお父さんに向けて豆を思いっきりまく……そんな家が多いのではないでしょうか。

もともとは、家の主人や年男などがまくことになっていました。今は家族みんなでまくことでしょう。福豆といってあらかじめ神棚に供えられていたものを使います。まくときには、家中の玄関や窓等をあけます。寒い季節ですが、鬼を追い払うためです。二階建ての家なら、二階奥から順に一階の玄関までまいていきます。「鬼は外！　福は内！」

という声掛けは大きな声でしましょう。自分の中にいる鬼も祓うことになるからです。まき終わった部屋の窓や戸はすぐに音を立てて閉めます。鬼が戻らないようにするためです。最後に玄関でまいて戸を閉めたら終わりです。

終わったら、自分の年より一つ多い数の豆を食べます。昔は立春に年を一つとっていたので、その分も加えていたのです。

どうですか。皆さんの家の節分とはだいぶ違っているかもしれません。地方によっても違います。

ところで、豆まきに使う豆は大豆が多いのですが、北海道や東北地方では落花生を使っているところが多いです。殻ごとまくことができるので、どこに落ちても殻を割って食べるので汚れを気にしなくてもすみます。大豆より大きいので拾いやすいということもあります。これまた地方によって違うのです。

ただ、鬼を外に出し、厄を祓うという点は同じです。清らかな気持ちで豆をいただきたいものですね。

一言ヒント

地方によって豆まきの方法は異なります。その地方に合わせてアレンジをしてください。

三月

ひな祭りで女の子の成長と幸せを願う

三月三日。桃の節句です。

ひな人形を飾るお家もあることでしょう。どうして、桃の節句のときにひな人形を飾るようになったのでしょうか。

昔の中国には、三月の初めに川に入って、身のけがれを清めるというならわしがありました。それが日本にも伝わってきましたが、やがて紙でできた人形に自分のけがれを移して、川や海に流すようになりました。「流しびな」という行事です。

それが、時代が変わるにつれ、「流しびな」と「人形あそび」が結び付いて、今のように人形や道具を飾って、女の子の成長と幸せを願う日になったのです。

ひな人形を飾ったことがある人は、「おだいりさまとおひなさま、どちらが右、左?」と迷いませんでしたか。おだいりさまは向かって左、おひなさまは向かって右に並べます。ただし、関西では逆になっています。

もともと川や海に流してしまう人形ですから、ひな祭りが終わっても飾っていると、厄を祓《はら》ったことになりません。そこで、「しまい遅れると、お嫁に行くのが遅くなる」という言い伝えができました。これは「片付けができない娘さんはお嫁には行けないよ」という気持ちも込められているという説もあります。

ひな祭りで出てくるものに、ひしもち、ひなあられ、白酒があります。

ひしもちは白、緑、赤の三色が多いです。白はとける雪と清らかさを、緑は草がめばえることを、赤は桃の花を表していると言われます。ひなあられも似た色で作られています。これらのお菓子を食べることで、自然のエネルギーをもらい、健康に育つと言われています。白酒は飾られるもので、桃の紅色と白酒の白色で「紅白」となり、めでたいとされているものです。それぞれの色に込められた意味があるのです。

もともと「桃の節句」ですから、「桃」にも大きな意味があります。桃の花は、「悪魔を祓う」と言われている木です。鬼退治に行くのが桃太郎というのも関係がありそうです。

一言ヒント

桃の節句にちなんで給食にひなあられが出てくる学校もあります。色の意味を伝えるのにはいい機会です。

三月〜五月

お花見は笑顔と共に

春。日本のあちこちで桜が満開になります。

ニュースでも、「公園では、今桜の花が満開です。その桜の下では、お花見のお客さんでいっぱいです」と、楽しそうにお酒を飲んだり、団子を食べたりする風景が映し出されます。皆さんも、お花見をしながらおいしい団子を食べたこともあると思います。

このようなお花見は外国ではあまり見られません。日本ならではのものです。しかも、「花」といえば数多くの種類があるのに、お花見といえば「桜」を指します。

いつ頃からお花見をするようになったのでしょう。

お花見の始まりは今から千年以上前と言われています。貴族の間で桜を観賞するのがすでに行事になっていました。

一般の人々に広まったのは江戸時代です。特に江戸（今の東京）には上野をはじめとする桜の名所がいくつもあり、ガイドブックまでできたほどです。そのときには、金持ちも貧乏な人もそれぞれ仲間をつくって、お弁当をもって出かけました。桜の下では、飲めや歌えやの大騒ぎ。「茶番」と呼ばれる劇をする人たちもいました。こうなると、ほとんど今の花見と同じですね。

江戸時代の花見は、生活するのが大変な中にあって、人々にとって大きな楽しみでした。たとえ、貧しい中でも、かまぼこのつもりの大根、卵焼きのつもりのたくあん、そしてお酒のかわりは番茶で……というように楽しんでいました。

ところで、お花見に欠かせない桜は、自然に咲いているわけではありません。美しい桜を保存していくために、活動している人々もいます。

「日本さくらの会」では、「さくらの植樹・愛護運動」を行っています。さくらを保存するだけではなく、桜を育てる運動を日本人の心を育む運動に高めていこうとするものです。

確かに、このようにお花見の歴史や桜の大切さを知ることによって、「日本のよき楽しみ」を続けていきたいという気持ちになります。そんなことを思いながら、皆さんも今年のお花見を楽しんでみたらどうでしょう。

一言ヒント

校庭に桜がある学校も多いと思います。桜の咲く時期に話したい内容です。「お花見給食」のときにも話せる話です。

六月

衣替えはなんのため？

六月になって、「今日から衣替えです」というニュースを聞いた人もいることでしょう。季節の変化に応じて、服を替えることです。

一番わかりやすいのが、中学生・高校生です。それまでの制服とは違って、ワイシャツやブラウスが中心の夏服で学校に行ったことでしょう。

日本は四季のある国です。世界には四季のない国もあります。一年中暑い国だったら、一年中似た服装でいいのですが、四季がある日本では季節に合わせた服装が必要です。特に、暑い夏に向かう六月一日と、秋に向かう十月一日を衣替えの日としています。

衣替えの歴史は古く、すでに千年も前から行われていました。もともとは行事として行われており「衣替え」という言葉もすでにありました。その頃は今と同じ年に二回の衣替えでしたが、江戸時代になると年に四回行うようになります。この頃まで日本人の服装は着物でしたが、衣替えの習慣は一般の人々にも広がっていきます。

明治時代になって、お役人さんは洋服を着ることとなりました。そして、夏服と冬服の着替えの日も今と同じ六月一日と十月一日というように定められました。これが、やがて学校や会社にも広がって今のような衣替えになったのです。

さて、六月は梅雨《つゆ》の時期とも言われています。雨が多くなります。「梅に雨」と書いて「梅雨」と書きます。なぜこれで梅雨と言うのかと言うと、「梅の実が熟する頃だから」という説や、「黴《かび》が生えやすい頃で黴雨《ばいう》から変わった」という説があります。北海道には梅雨がありませんが、日本列島はこの時期、じめじめした天気が続きます。

雨は好きではないという人もいると思いますが、雨が好きな生き物も多いです。たとえば、かたつむりは雨の日によく動きますし、あまがえるもこの時期大声で鳴いています。また、アジサイは梅雨の季節によく似合う花です。

「雨が降っているから、今日は家の中でゲーム」ではなく、時には雨が好きな生き物と一緒に遊ぶこともいいですね。

一言ヒント

「衣替え」「梅雨」といった言葉は子どもたちも聞いたことはあっても、その意味はよくわかっていないと思われます。それらの意味や由来を教えるための話です。

七月　七夕飾りに願いを込めて

七月七日は七夕です。もともと「節句」の一つです。節句とは伝統行事を行うような季節の節目となる日です。

七夕と言えば、願い事を書くことを思い浮かべる人もいるでしょう。五色の短冊に願い事を書いて笹竹に飾ります。笹竹はぐんぐん成長するので、それだけ早く願いが天に届くと言われています。短冊だけではなく、長生きを願う折鶴、豊漁や豊作を願う網飾り、魔よけと言われている吹き流しなども飾ります。

短冊、笹竹、飾り物のそれぞれに人々の願いが込められているのです。

また、七夕のときによく聞く織姫と彦星の話は有名ですね。これは中国から伝わったものです。

天の川の西に住む織姫は、機織りが上手で毎日美しい布を織り上げていました。東側には、これまた働き者の牛使いの彦星がいました。織姫のお父さんの天の皇帝は、二人を引き合わせ、織姫と彦星はめでたく結婚しました。

しかし、夫婦になってから、二人はまったく仕事をしなくなってしまいました。皇帝は怒り、天の川を境に二人を引き離してしまいました。

二人の悲しみが大きいので、それをかわいそうに思った皇帝は、七夕の夜だけ会うことを許します。こうして、七夕の夜、天の川を渡って二人は年に一度だけ会えるようになりました。でも、この日に雨が降ると天の川の水かさが増して、二人は会えなくなるので、晴れることを人々は願っています――このようなお話です。

ところで「七夕」の読み方は特別です。もともとは七日の夕方という意味で七夕は「しちせき」と言っていました。

昔、作物の収穫を祈って、一人の女性が神のお嫁さんとして、ご先祖様のための服を織り上げました。そのときに服を織るために使ったものを「たなばた」といっていました。そこから、「たなばた」と読むようになったと言われています。

願い事に星の伝説。そして収穫を祈る話。七夕には、いろいろな言い伝えや願いがあるのです。

一言ヒント

低学年を中心に七夕飾りをする学級は多いと思われます。短冊だけではなく、折鶴、網飾りなどは、それぞれ願いが込められていることを教えて飾らせましょう。

世界に誇る日本の花火

「夏の思い出は?」と聞かれて、「花火」と答える人も多いと思います。全国各地で花火大会が開催され、色とりどりの花火が空いっぱいに広がります。思わず「きれい!」「美しい」とつぶやいてしまいますね。

花火は外国にもありますが、日本の技術は世界に誇れるものと言われています。

・大きな丸い形で、様々な色をつけて大きく開く。どこから見ても丸く見える。
・一つの円だけではなく、二重、三重の円になる。
・色が途中で変わる。

日本の花火であれば当たり前と思われるようなこれらの技術は、外国では当たり前のものではありません。昔から代々受け継がれてきた技術が今も進化して、日本の誇れる花火になっているのです。

日本の花火は今から四百年前に、外国の花火名人が初めて披露したと言われています。最初は将軍や大名など、位の高い人の間で広まっていましたが、やがて年中行事になりました。食料不足や伝染病で多くの命が失われているような時代に、そのときの将軍が亡くなった方の霊を弔うために、お祭りを行い、その余興で花火を打ち上げたのです。これをきっかけに、その祭りで毎年花火を打ち上げることになり、人々の間で花火を見ることが広がったということです。

花火が人々の間に広まると共に、最初は赤色の火の玉が上空に上がる程度のものだったのが、花火師の登場により大規模なものに代わってきました。今から百年ほど前には、色とりどりの花火が打ち上げられるようになりました。

職人さんの手で昔から高い技術が日本の花火を支えてきたのです。

ところで、よく花火を見て「たまや〜」「かぎや〜」と言いますね。これは、江戸時代の花火師の「玉屋」と「鍵屋」がもとになっています。花火大会で二人の花火師が技を競い合い、人々が「たまや〜」「かぎや〜」と声をかけ合っていました。ところが、玉屋は大火事を起こしてしまい、花火はできなくなってしまいました。それでも、当時の掛け声がそのまま現在まで引き継がれているのです。

一言ヒント

花火大会に行った経験がある子も多いと思われます。その思い出や花火の美しさを話させてから小話を始めたいですね。

八月

ご先祖様を供養するお盆

お盆は亡くなった先祖の霊を家に迎え入れ、供養する行事です。八月十三日～十六日に行われるのですが、地方によっては七月のところもあります。

先祖の霊が帰ってくるということで、様々な行事が行われます。お墓参りをするだけではなく、多くの親戚の人たちと会う人もいることでしょう。先祖がいなかったら、自分はもちろん、家族や親戚の人たちも生きていません。改めてその先祖に感謝する行事と言えます。

お盆で先祖を迎えるときには、家の前で「迎え火」をたきます。燃やしたけむりに乗って先祖の霊が家に戻ってくると言われています。また、お盆の最後の日には先祖に帰ってもらうために「送り火」をたきます。「灯篭《とうろう》流し」といって、川に灯篭やお供えものを流す行事がありますが、この送り火の行事の一つです。

ところで、お供えものの中にきゅうりとなすにマッチ棒やわりばしなどで足を付けたものを見たことはありませんか。これは先祖の霊があの世とこの世を行き来するための乗り物としているものです。

きゅうりは馬のかわりとされ、「早く家に帰ってくるように」という願いが込められています。なすは牛のかわりとされ、「少しでも遅く帰るように」「お供え物をもっていってもらうように」という願いが込められています。

お盆の間は親戚などの家に帰省する人もいることでしょう。テレビなどでは、混雑する新幹線や渋滞の高速道路がよく映し出されます。「混雑するのなら別の時期に移動すればいいのに……」と考えるかもしれませんが、お盆の時期に先祖の霊を供養するわけですから変更はできませんね。昔は、田舎から働きに出ていた人もお盆と正月だけは帰ってきていたものでした。それくらいお盆は大切にされてきたのです。

このお盆の間に「盆踊り」に参加する人もいるかもしれません。これも、もともとは先祖の霊が帰ってきているうちに行う行事でした。今は踊りを楽しんだり、地域の人と仲良くなったりすることが目的となっているところが多いと思います。それはそれで大切なことですね。

一言ヒント

お盆の行事は地域によって違いがあります。必要に応じてその地域に合わせた内容に変更してください。

九月

桜と双璧を成す「菊」のお話

九月九日は重陽《ちょうよう》の節句です。三月三日の桃の節句や五月五日の端午の節句ほど有名ではありません。

中国では、この日に高い場所に登って、菊の花から作られた菊酒を飲むと長生きをすると言われてきました。もともと菊には長生きをする効能があると信じられていたのです。

日本でも平安時代には、菊を観賞する行事が始まりました。また、九日の前夜から菊の花に綿をかぶせ、露にぬれたその綿で身体を拭いて長生きを願いました。

それほど、この重陽の節句と菊とは関係がありました。

日本で重陽の節句が広がったのは江戸時代です。

この江戸時代には菊の栽培も盛んになり、「菊合わせ」と言われる菊の美しさを競う催しも盛んになりました。

菊人形が作られたのもこの頃です。植木職人が菊で人形を作り、お寺で見せたのが始まりでした。今でも「菊祭り」などが行われている地域もあります。

ところで、観賞することが中心の菊ですが、食材になるものもあります。ゆでておひたしにしたり、酢のものにしたり、刺身に添えられたりするものもあります。きっと皆さんも食べたことがあると思います。

「春は桜、秋は菊」というように、菊は日本を代表する花です。ですから、様々なデザインに使われています。

たとえばお金の硬貨の一つに使われています。何円玉だと思いますか。実は、五十円玉の表に菊の模様が使われています。

また、外国に行くときに国籍や身分を証明するものとなるパスポートにも、表紙の中央に菊が描かれています。

勲章の最高位も「菊花章《きっかしょう》」と言って、菊の花のデザインが使われています。

これらを見ると、まさに日本を代表する花ということがわかりますね。

一言ヒント

五十円玉やパスポート、勲章などはぜひ写真で見せたいものです。画像検索サイトで容易に画像も見つかります。

九月

お供えでお月見を楽しむ

年によって違いますが、九月から十月にかけて十五夜があります。「中秋の名月」とも言われています。「お月見」を楽しむ日です。

この行事は、中国で始まり、今から千年ぐらい前に日本に伝わってきました。中秋の名月を「芋名月」と言っている地方もあります。この時期にとれる里芋を供えるからです。

秋は食べ物が実る季節です。その食べ物を誰よりも早く、偉大なる月に捧げるためにお供えをするのがこの十五夜なのです。芋の他にも、「団子」「栗」「枝豆」「ススキ」「お酒」などをお供えします。

団子は「お月見団子」と言われています。団子の数は十五個としているところもあれば、十二個としているところもあります。これは十五個の地方は十五夜から来ていますし、十二個の地方はその年の満月の数と言われています。昔は月の形によって暦が作られていたので、その数はとても大事なことでした。

お供えするものの中に食べ物や飲み物以外のものがあります。

皆さんも知っているススキです。なぜススキをお供えするのでしょうか。

それは、ススキが稲穂に似ているからです。実際に稲穂をお供えする地方もあるそうです。また、使い終わったススキは家の庭や門、田んぼに魔よけとして差す地方もあります。稲がススキのように丈夫に育つようにと願いを込めたのです。

ところで、月と関係が深い動物と言えば何でしょうか。そうです。うさぎですね。童謡「うさぎ」では、十五夜の月を見て跳ねるうさぎのことが歌われていますし、月の模様は「うさぎが餅つきをしているように見える」と昔から言われてきました。もっとも、外国では違ったように見えるようです。たとえば、「大きなはさみのカニ」「本を読むおばあさん」に見える国もあります。

さあ、皆さんも十五夜の月をお供えものと一緒に見てみましょう。うさぎの餅つきが見えるでしょうか。

一言ヒント

文章にある通り、十五夜は年によって異なります。十五夜当日に話すことによって、子どもたちの興味も高まります。

紅葉前線を知って紅葉《もみじ》狩りを楽しむ

秋は紅葉狩りの季節です。野山の紅葉を見物することです。日本は北海道から九州まで紅葉の名所がたくさんあります。

この紅葉狩りは、平安時代の貴族の間で始まりました。紅葉を見物しながら宴会を開き、その美しさを和歌にして勝負する「紅葉合《もみじあわせ》」が流行っていました。

それが、江戸時代になると、町人にとって紅葉狩りが行楽として爆発的な人気になりました。ちょうどその頃、今の三重県の伊勢神宮へのお参りが流行しました。今でいう旅行ブームです。当時の名所案内の本に紅葉の名所が紹介されると、人気の見物場所となったのでした。

ところで、見学をするのになぜ紅葉狩りと言うのでしょうか。「狩り」とはもともとは鳥や獣をとらえることです。それが小動物や果物をとる意味にも使われるようになりました。「いちご狩り」はその例です。そして、「狩り」は「草花を眺めること」の意味になりました。

実際に昔は、紅葉した木の枝を折って、手のひらにのせて観賞していました。ここから、紅葉狩りという言葉になりました。

紅葉狩りの季節になると、天気情報の中に「紅葉前線」が紹介されるようになります。これは、モミジやイチョウなどが紅葉する時期と場所を、地図の中で線状に結んだものです。もともと、紅葉になり始めるのは最低気温が8℃以下からです。さらに5℃以下になると一気に進むとされています。

日本で紅葉が真っ先に見られるのは北にある北海道です。南と北を比べると北の方が気温が低くなるのが早いため北から色づき始めるからです。ですから紅葉前線は北から南へ向かいます。北海道の大雪山では九月頃に山頂から色づき始めます。これは、麓より山頂の方が気温が低いためです。

紅葉前線は、二ケ月以上かけて北から南に移動します。鹿児島県に到着するのは例年十二月頃です。寒い地方では冬で雪が降っている頃です。その間、日本の各地で紅葉狩りを楽しむことができるのです。

一言ヒント

桜前線は南から北へ移動します。一月〜二月に沖縄等の南の島々から始まり、北海道は五月です。紅葉前線と対比させて紹介しましょう。

十一月

子どもの健やかな成長を願う七五三

七五三は子どもたちの健やかな成長を願う行事です。男の子は三歳と五歳、女の子は三歳と七歳でお祝いをします。だから、「七五三」なのです。

十一月十五日がそのお祝いの日とされています。ただ、実際のお祝いは、それぞれの家庭で十月から十一月にかけて都合のよい日にしています。

男の子、女の子とも最初は三歳でお祝いをしますが、次は男の子は五歳、女の子は七歳になっています。これは、昔は男の子がその家の後継ぎになるということ、また病気等で死ぬ割合が高かったためと言われています。

今の日本では病気になっても、治す技術が発達して、子どもが亡くなるということは少なくなってきました。

しかし、昔の日本はそうではありませんでした。特に、七歳より小さい子どもたちが病気などで亡くなることは決して珍しいことではなく、そのため「七つ前は神のうち」と言われていました。これは「七歳までの子は神に属している。そして神がその運命を決める」と考えられていました。それ以上生きることができる子どもは幸せと考えられていたのです。

そこで、三歳、五歳、七歳と一定の年ごとに成長してきたことをみんなでお祝いをしてきました。皆さんもお祝いされたと思いますが、「無事に成長しますように」と家族が思っている気持ちは、昔も今も変わりません。

七五三のお祝いと言えば千歳飴を思い浮かべる人もいると思います。長い飴で、袋には鶴や亀などが描かれています。皆さんがお店で買う飴は小さいですね。その方が食べやすいはずです。では、なぜ千歳飴はあのように長いのでしょうか。

それは「長生きしてほしい」という願いが込められているからです。千歳飴は千年飴とも言われています。その名前に長生きへの思いが表れています。しかも、飴の色は紅白、袋の鶴や亀、松竹梅も全て縁起がいいものとされています。

千歳飴は三百年～四百年も前から作られていたと言われています。我が子の成長を願う気持ちは、やはりその頃から変わらないのです。

一言ヒント

七五三はすでに子どもたちが経験をしているだけに、これらの話はよく理解できます。妹や弟で該当者がいたら、家族としてお祝いをするように話したいものです。

十二月

風邪を吹き飛ばす冬至の行事

冬至は一年で一番昼が短く、夜が長い日です。年によって違いますが、十二月二十二日頃が冬至の年が多いです。夏や秋などと比べて、日が暮れるのがこの頃は早いですね。この日を境に昼の時間が長くなっていきます。

昼の時間が長くなるということは、太陽が出ている時間も長くなるということです。そこで、「太陽の力が復活する日」という意味で「一陽来復《いちようらいふく》」の日とも言います。

冬は食料が手に入りにくくなります。また、生命の源である太陽が出ている時間も少ないために、昔の人々は生活の不安を感じていました。そしてその不安をなくそうとお祈りをしました。そのときの貴重な食べ物の一つがかぼちゃです。「今日は冬至だからかぼちゃを食べなさい。風邪をひかなくなるよ」と言われたことがある人もいることでしょう。

かぼちゃは保存がきき、しかも栄養の減り方が少ない野菜です。江戸時代、冬場に野菜が不足しビタミン類が減るということで、冬至にかぼちゃを食べるという風習ができたのです。

また、食べ物と言えば、この日に「ん」のつく食べ物を食べると「運をよぶ」という言い伝えがあります。たとえば、かぼちゃの別名の「なんきん」、「みかん」などです。他にはどんなものがありそうですか。「れんこん」「にんじん」「だいこん」「ぎんなん」などがありますね。

冬至には柚子《ゆず》を入れたお風呂に入る風習があります。お湯につかって病を治すことを湯治と言います。冬至と湯治をかけているのです。

もちろん柚子を入れるのにもわけがあります。柚子のお風呂は、血のめぐりをよくしたり、体を温めて風邪を予防したりする効果があります。また、柚子に含まれているビタミンＣは肌にいいと言われています。いい香りも、気持ちをリラックスさせる効果があります。

柚子のお風呂に入りながら「一陽来復」と唱えるとさらに幸せになるという言い伝えもあります。柚子のお風呂に入る人はさっそくやってみるといいですね。

一言ヒント

冬至の風習をする家庭が少なくなったことで柚子を見たことがない子もいると考えられます。そういう場合には、「みかん科の果物」というように簡単に説明します。

十二月 願いが込められた大みそかのならわし

十二月三十一日は大みそかです。

もともと「みそか」は「三十日」と書きます。月の三十番目の日という意味です。そこから、月の最後の日を「みそか」と呼ぶようになりました。そして、一年の最後である十二月は「大」をつけて「大みそか」となったのです。

今は新年が夜の十二時になってからですが、昔は十二月三十一日の夜からが新年と考えられていました。ですから、十二月三十一日はすでに新しい年の始まりでした。その夜に食べる正式な食事を「年越し」と言っていました。また、年越しの夜は「除夜」と言います。この日は神様を迎えるために一晩中起きているというならわしがあります。皆さんが大みそかの日に遅くまで起きているというのには意味があるのです。

年越しと言えば、すぐに思い浮かぶのが年越しそばでしょう。これにはいくつかの言い伝えがあります。

まずは、そばは細くて長いものですね。それと同じように、人生も長く健康で生きることができるという願いが込められているというものです。

また、そばは切れやすいものです。一年間苦労したことをすっかりと切って、新しい年を迎えるという意味もあります。

江戸時代には、金粉を集めるためにそば粉の団子を使ったことから、年越しそばを食べると「お金がたまる」という言い伝えもあります。

いずれも年越しそばに人々は願いを込めていただいていたのです。

大みそかの夜を「除夜」と言うことは先ほど話しました。

「除夜」と言えば、「除夜の鐘」が有名ですね。十二月三十一日から元旦にかけて鳴らす鐘です。いくつ鳴らすか知っていますか。そうです。百八です。

これは「人間には百八つの煩悩《ぼんのう》がある。（煩悩とは簡単に言えば「心を苦しめるもの」です。）それらを打ち払うために百八の鐘をつく」という意味があります。十二月三十一日に百七回うち、新年になってから最後の一回をうつお寺が多いです。

新たな気持ちで除夜の鐘を聞きたいものですね。

一言ヒント

年越しそばや除夜の鐘について知っていても、その意味や由来は案外知らないものです。それを教えることによって大みそかの過ごし方も少し違ってきます。

第3章

明日は何の日？
祝日の由来を知るお話

一月一日

元日・元旦――お年玉はお餅？

一月一日。

新しい年の始まりです。

朝のあいさつもいつもの「おはようございます」とは違って、「明けましておめでとうございます」と変わります。

この日に届く年賀状にも「明けましておめでとうございます」と書かれています。

この一月一日は「元日《がんじつ》」と言って、「年の始めを祝う」国民の祝日です。

その年賀状にはよく最後に「元旦《がんたん》」と書かれています。「元日」と似ていますが、元日とどう違うのでしょうか。

「旦」という漢字に注目してください。「日」の下に横棒があります。これは地平線（地面と空の境目）を表しています。

つまり、「元日の日の出」が「元旦」という意味であり、そこから「元日の朝」を「元旦」と言うようになりました。

元旦の日のテレビを見ると、日の出が映し出されるニュースが流れたり、コマーシャルの画像が日の出だったりすることに気づくでしょう。

ところで、元日の皆さんの一番の楽しみはきっと「お年玉」ですね。

もともとは、このお年玉は「お餅」でした。

お雑煮に餅を入れますが、新米で作った餅には幸せをもたらす年神《としがみ》さまの魂が入っていると言われました。だから、「お年玉」と言われています。それを食べることによって、家族そろって元気に過ごすことができると信じられてきました。

今は、「はい、お年玉」と言われて、餅を出されることはないでしょう。お年玉と言えば、やはりお金やプレゼントということになるでしょうが、「幸せになってほしい」「幸せな年でありたい」という家族の思いは変わらないことでしょう。

お金やプレゼントに喜ぶだけではなく、家族みんなの幸せを願いながら、元日をお祝いしたいものですね。

一言ヒント

「元日」「元旦」「お年玉」……言葉は知っていても、これらの意味や由来はわからないものです。きちんと教えることで、お年玉の有難みも感じることでしょう。

一月第二月曜日

成人の日―おとなになるお祝い

一月の成人の日は、「おとなになったことを自覚し、みずから生き抜こうとする青年を祝い励ます」ことを目的とする祝日です。

ところで、「おとな」は何歳からだと思いますか?

答えは二十歳からです。成人の日は二十歳になる人をお祝いする日です。

二十歳になったら、それまで禁止されていたお酒やたばこも許されます。

もっとも結婚は、二十歳より前の男子は十八歳、女子は十六歳ですることができます。

外国では、十八歳をおとなとしている国も多いです。

ところで、今は二十歳でおとなの仲間入りですが、昔は十六歳ぐらいでおとなとして扱われていました。

「元服《げんぷく》」と言って、男子を子どもの髪型からおとなの髪型に変え、頭に冠を付ける行事がありました。

子どもによっては、十二歳ぐらいで元服する例もあったそうです。

十二歳といったら小学校六年生です。「小学生でおとな？」と思ったことでしょう。確かにピンと来ませんね。戦いが多かった時代は早く後継ぎを決めるために、元服も早くしたと言われています。

成人の日には多くの地域で成人式が行われます。振袖の着物を着て、式に参加する人を見たことがあるかもしれません。

成人式で騒いだり、暴れたりするマナーの悪さがニュースになる場合がありますが、多くの市町村では思い出に残る式を工夫しています。たとえば、親が我が子にお祝いの手紙を書き、それを会場で親が実際に読むという市があります。親が登場することは内緒です。心のこもった愛情あふれる手紙に、思わず泣いてしまう人もいるそうです。

これならば、一生思い出に残る成人式になるでしょうね。

一言ヒント

成人の日は子どもたちにとってなじみの薄い祝日です。それでも自分たちと成人と関連するエピソード（例：二分の一成人式）はあるものです。それらを話すことで興味をもたせます。

二月十一日
建国記念の日―古代を知るきっかけに

二月十一日の建国記念の日は、「建国をしのび、国を愛する心を養う」祝日とされています。「建国記念日」と言う人もいますが、正しくは「建国記念の日」です。

この日は、明治時代から昭和二十三年まで、「紀元節」という祝日になっていました。「日本書紀」という歴史の本の中に、初代の神武天皇が天皇になった日とされています。

一度祝日としては廃止になったのですが、その十八年後に今度は「建国記念の日」として、また祝日になった日です。

ただ、実際に日本がいつ頃できたのかということについては、資料も少なく、この祝日をつくるには様々な意見がありました。それでも、今までのいろいろな研究によって、日本がいつ頃建国されたのか、おおよそ明らかになってきました。

弥生時代の中頃、神武天皇によって基礎が築かれたと言われています。そして、古墳時代までに、今の九州から関東に至る主なところが、大和朝廷によって統一されました。この統一の中心になったのは歴代の天皇や皇族たちです。

「古墳時代」という名称の通り、この頃力のある人たちの大きな墓（古墳）が盛んに作られました。仁徳天皇の墓とされている大仙《だいせん》古墳は特に有名です。

日本では今までないことですが、外国では一つの国が分かれたり、いくつかの国が一つになったりすることがあります。また、苦労して新しく国をつくるという例もあります。

ですから、世界地図上での国名もどんどん変わってきています。ここ百年で、百を超す新しい国ができたと言われています。

それぞれの国では、その新しい国になった日が「独立記念日」として、大切な祝日とされています。たとえば、アメリカ合衆国はイギリスから独立した七月四日を独立記念日にしています。その点で、日本のように長い年月、国が変わらないのは、世界でも珍しいと言えるのです。

一言ヒント

建国記念の日から、日本の古代史や外国の独立の話まで発展させるものです。なお、身近な場所に古墳があったら、ぜひ紹介をしましょう。子どもたちの興味が高まります。

三月下旬

春分の日─年によって日にちが変わる

春分の日は「自然をたたえ、生物をいつくしむ」日です。毎年三月二十日か二十一日頃です。

「えっ？　日にちが決まっていないの？」と思ったことでしょう。そうです。ある年は三月二十日で、次の年は三月二十一日ということがあるのです。ちなみに、二〇一六年から二〇二五年までは、「三月二十日が春分の日」が六回、「三月二十一日が春分の日」というのも四回です。

どうしてこのようなことになるのでしょうか。それは太陽が春分点という点を通るときを「春分」としており、その日を春分の日としているからです。そして、それは年によって違うのです。

よく春分の日は「昼と夜の長さは同じ」と言われています。これは九月の秋分の日も同じです。

その前に「昼」はいつからいつまでなのでしょうか。皆さんだったら「朝の次」と答えるでしょうが、この場合には「太陽が出ている時間」になります。

正しく言えば、「太陽の上の部分が地平線上に一致した時間」から、「太陽の上の部分が地平線にすっかり沈んだ時間」までです。これを「日の出」「日の入り」と言います。

このようにして計算していくと、春分の日は、昼の時間の方が夜よりも少しだけ長いです。

春分の日の前の三日間とその後の三日間の合計七日間を、「彼岸《ひがん》」と言います。よく「暑さ寒さも彼岸まで」と言われます。冬の寒さも薄らぎ春らしくなり、過ごしやすくなると昔から言われてきた言葉です。寒さの厳しい北日本でも、降雪や凍結が春分の日の前後では違うという観測データも出ています。

「自然をたたえ、生物をいつくしむ日」の通り、春の暖かさにどんどんと生物が育っていきそうな予感がする時期ですね。皆さんも、学校からの帰り道に「春」を探してみてください。

一言ヒント

その年の春分の日を確認してから話しましょう。二〇二五年までは、うるう年とその翌年が三月二十日、それ以外は二十一日の予定です。

四月二十九日

昭和の日―変化の大きかった昭和時代

四月二十九日は昭和の日です。昭和天皇の誕生日であり、昭和の時代を振り返る祝日です。

昭和は二十世紀の元号《げんごう》の一つです。元号とは、特定の時代を年を使って指すもので、漢字を使う日本や中国などで使われたものです。昭和の前の元号は大正、その前は明治で聞いたことがあるでしょう。

昭和は元年から六十四年まで続きました。昭和天皇の在位期間にあたります。実際には元年と六十四年はそれぞれ一週間程度だったので、実際の昭和時代の期間は六十二年ほどです。この期間は元号の中では一番長いものです。皆さんの家族や親せきの中にも「昭和生まれ」が多くいると思います。それぐらい昭和時代は長かったのです。

昭和は大きく変わった時代と言われています。

昭和二十年までは大きな戦争がありました。たくさんの人が亡くなり、日本は戦争に敗れました。

その戦争が終わってからは日本も平和になり、どんどん発展してきました。テレビ、冷蔵庫、クーラー、自動車といった皆さんにとっても身近なものが次々と生まれました。人々の生活も豊かになりました。また、飛行機や新幹線で移動することも当たり前になってきました。そのような生活は昭和時代の最初には考えられないことでした。

このように、昭和時代の最初と最後では同じ時代とは思われないほどの違いがあったのです。

昭和時代の世界的なイベントの一つである日本万国博覧会（大阪万博）が、一九七〇年（昭和四十五年）に開かれました。博覧会とは様々な物品や資料を集めて展示することで、この時には世界の七十七ケ国が参加し、半年間大阪で開催されました。入場者数が六千万人を超える大きなイベントで、特にアメリカ館の「月の石」には「一目見たい」という人々が長い列をつくりました。

この万博はアジアで初の国際博覧会であり、東京オリンピックに続いて日本の復興・成長を世界に示したものでした。

一言ヒント

昭和時代の思い出はベテラン教師なら数多くもっていると思われます。自分自身の思い出や経験を付け加えて語るのもいいでしょう。

五月三日

憲法記念日—憲法とくらしの関係

「憲法」とは国を治めるための大事な法です。

憲法記念日は、日本国憲法が一九四七年五月三日に施行されたことを記念して作られました。

日本の憲法で世界にも有名なのが、第九条の「戦争の放棄」です。昔あった戦争で多くの人が亡くなりました。そのため、世界の平和と日本の平和を願ってつくられたものです。

難しそうな憲法ですが、皆さんとも関係することがあります。

たとえば、四月になると各教科の教科書が渡されます。何冊ありますか。教科の分だけありますね。

この教科書は皆さんの家の人がお金を払って買っているのでしょうか？　実は無料、ただなのです。

日本国憲法では第二十六条に「義務教育はこれを無償とする」とあります。これをもとに法律が作られ、教科書が無料になっているのです。

もちろん実際に教科書が作られるまではお金がかかります。それらは税金といって、国民から集められたお金で作られています。

憲法をもとに法律は作られます。皆さんも法律をもとに生活をしています。

たとえば、小学校に満六歳で入学するのも法律で決められています。自転車を運転する時に左側を走ることも「道路交通法」という法律で決まっています。

そして、国が違えば法律も違ってきます。世界にはおもしろい法律があります。シンガポールでは、「チューインガムの国内持ち込みが禁止（ただし医薬用は別）」「道路といった公共の場所でつばを吐くのは禁止」という法律があるそうです。それに反したときには、罰金になることもあります。

外国を旅行して、その国の法律を知らないでいると、罰金を受けることがあるかもしれませんね。

一言ヒント

憲法の話は子どもたちにとって難しいものです。その点では、生活に結び付いたわかりやすい例をもとに話すことが大事です。

五月四日

みどりの日—緑化について考える

五月四日は「みどりの日」です。

このみどりの日、二〇〇六年までは四月二十九日でした。昭和時代には四月二十九日は天皇誕生日でした。平成の時代になり、昭和天皇が植物に詳しく自然を愛したことから、四月二十九日をみどりの日とすることにしました。今、四月二十九日は昭和の日になっています。そして、みどりの日は五月四日に移りました。

毎年四月十五日から五月十四日は「みどりの月間」になっています。みどりの日があるこの期間を通じて、みどりについての理解を深めようとするもので、多くの行事が行われます。

「緑の羽根」を見たことはありませんか。

これは「日本の山にみどりを増やそう」ということで、募金を集めているものです。募金した人には、緑の羽根が渡されますね。そのお金は、森林づくりはもちろん、学校や公園などに木を植えるときにも役立てられています。

皆さんの善意のお金が多くの木々になって育っているのです。

山に行かなくても、緑は楽しむことができます。皆さんの住んでいるまちにも道路に沿って植えられた「街路樹」があることでしょう。

その街路樹はいつ頃からあったと思いますか。古くは千二百年以上前にすでに植えられたという記録が残っています。働いている人が木陰で休めるように、そして時には飢えをしのぐのに役立つ木を植えるためという目的があったそうです。江戸時代になると、道路を整備すると同時にそのわきに計画的にマツやスギ並木が植えられるようになりました。

この街路樹のいい点は、その景色の美しさです。春は緑でいっぱいです。それが夏を経て、秋になると色づきます。私たちは、街路樹を見て季節の変化を感じ取ることができます。夏の暑い陽射しを木陰でさえぎる、車の騒音をやわらげる、災害のときに火災などから道路を守る（イチョウなどは燃えにくい木です）というよさもあります。

そのよさを考えて、今度はいつもとは違った目で見てみませんか。

一言ヒント

森林の役割の広さ（木をつくる、動植物のすみか、きれいな空気をつくる、災害から守る）についても話をしたいものです。緑を育てることの大切さも理解できます。

五月五日

こどもの日―端午の節句と共に

五月五日は「こどもの日」です。皆さんも知っていますね。

法律では「こどもの人格を重んじ、こどもの幸福をはかるとともに、母に感謝する」日とされています。

この日は、昔から「端午の節句」と呼ばれ、男の子の成長を願う日でした。

鎧《よろい》や兜《かぶと》、武者人形を飾る家もあるでしょう。この鎧や兜は「男の子の体を守る」という意味があります。

また、この頃、こいのぼりも庭先でよく見かけます。このこいのぼりも、男の子の出世を願って飾られているものです。

端午の節句といえばいくつかのならわしがあります。

まずは、ちまきです。ちまきを食べると災いにはあわないと言われています。もともと中国では水神様に捧げる食べ物でした。

続いて、柏餅《かしわもち》です。これは日本独特のものです。柏の新しい芽が出るまで古い葉はかれても落ちないことから、「家系がとだえない」という縁起がいいものとされてきました。また、「親が子の無事を願う気持ち」にも通じると言われています。

さらに菖蒲《しょうぶ》湯です。菖蒲の香りは、災いを祓うものとされていたので、菖蒲をお風呂に入れるというならわしです。

どれも災いを避け、幸せを願うものです。

さて、こどもの日は子どもが主役で間違いはないのですが、最初に話した通り、「母に感謝する日」にもなっています。このことはあまり知られてはいません。

皆さんが今生きていられるのは、親や家族があってのことです。赤ちゃんは一人では生きていけません。皆さんの成長を願って、生まれたときから、いや、正しくはお母さんのお腹の中にいるときから、愛情をもって育ててきました。

こどもの日は、成長した自分のための日だけではなく、育ててくれた親に感謝するチャンスの日でもあります。「育ててくれてありがとう」と一言言ってみましょう。今までとは違う「こどもの日」になることでしょう。

一言ヒント

こどもの日が「母に感謝する日」でもあることは意外と知られていません。父子家庭の子たちに配慮しつつ、その意義をきちんと教えたいものです。

七月第三月曜日

海の日―島国・日本が誇る海の恵み

海の日は、七月第三月曜日です。

一九九五年（平成七年）につくられたときには、七月二十日でした。この日は、もともと「海の記念日」でした。

今から百数十年前の明治九年、時の明治天皇が大型の船で、青森、北海道を回り、横浜に帰ってきました。その頃、船による移動に不安を感じていた一般の国民も、明治天皇が無事に帰ってきたのを知って、その安全性に信頼を置くようになりました。

その横浜港に帰ってきた日にちが七月二十日で、その日を海の記念日としていたのです。なお、そのときの船である「明治丸」は、船としては日本初の重要文化財となっており、今も保存されています。

日本は世界でも面積が広い国ではありません。世界地図を見てわかる通り、日本より面積が広い国はたくさんあります。

しかし、よく世界地図を見てみましょう。日本は海に囲まれ、さらに多くの島があります。そのため、日本の力が及ぶ海の範囲は広いものです。その範囲を「排他的経済水域」と言いますが、その海の広さは世界で六位なのです。日本よりはるかに広い国である中国やブラジルの排他的経済水域の海の広さよりも、日本の方が広いのです。

このことは私たちの食生活と大いに関係があります。皆さんの中にも魚好きという人が多いと思います。古くは大昔の縄文時代から、魚や貝をとって日本人は食料としてきました。今も、魚や貝を食べる量は世界でもトップクラスです。

さて、海の楽しみの一つに海水浴があります。

この海水浴は、百数十年ほど前の江戸時代末期にお医者さんたちが始めたとされています。しかも、楽しむためではなく、病気の治療のために入っていました。治療のための海水浴の本も発行されたほどです。やがて、海水浴場がどんどん増え、今のように暑い夏を快適に過ごす楽しみに海水浴も変わってきたのです。

一言ヒント

海と自分たちの関わりを考えてほしい話です。船や海水浴の経験を聞き出してから話すと効果的です。

八月十一日

山の日―最も新しい祝日

山の日の趣旨は「山に親しむ機会を得て、山の恩恵に感謝する」ことです。

八月十一日という日にちに特別な由来があるわけではありません。

当初は盆休みと連続させやすい利点があるとしてお盆前の八月十二日を祝日とする案でしたが、その日はかつて大きな飛行機事故があった日だったので、その前日の八月十一日となりました。

ただ、全国各地には「ぎふ山の日」（岐阜県）や「えひめ山の日」（愛媛県）というように独自の「山の日」があります。それらは、「八」や「一一」の数字にちなんだ月や日を使っていることが多いです。それは「八」が山の形に見えるため、「一一」は木が立ち並ぶ様子に見えるからです。

その点では八月十一日もまったく縁のない日とは言えません。

さて、日本の面積で山の占める割合は七割ぐらいです。世界の平均森林率が約三〇パーセントですから、日本は世界の中でも森林大国と言えます。

山の数は二万五千分の一の地形図に載っているものは一万六千以上もあります。みんなの住んでいるところから見える山もきっとあることでしょう。

一番高い山はご存じ富士山です。標高三七七六メートルです。日本には三千メートルを超える山々が二十一あります。夏を中心に多くの登山者が頂上を目指します。日本の登山人口（年一回以上登山した人口）は二〇一二年には八百六十万人で、最近では女性や中高年に人気があります。

では、一番低い山はどれぐらいあるのでしょうか。二万五千分の一の地形図に名前と高さが載っているものの中では、何と三メートルの日和山（宮城県仙台市）があります。これなら皆さんでもすぐに登山ができますね。

日本では昔から人々が山と共に生きてきました。山は里山とよばれ、薪や山菜をとったり、土を利用したりして、手入れをされてきました。また、「山崩れといった災害を防ぐ」「水をたくわえ、生き物のすみかになる」「木材を生み出す」「空気をきれいにする」というように森林の果たす役割は大きいものなのです。

一言ヒント

山の日は二〇一六年施行の新しい祝日です。夏休み中の祝日ですが、この日をきっかけに山についての理解を深めたいものです。

九月第三月曜日

敬老の日―漢字からわかるお祝いの歳

九月第三月曜日は「敬老の日」です。「多年にわたり社会につくしてきた老人を敬愛し、長寿を祝う」ことを目的としています。

昔は「人生五十年」と言われ、「還暦」（数え年で六十一歳）もまさに「長寿のお祝い」でした。今は平均寿命が男女とも八十歳を超えていますから、還暦といっても、日本の平均寿命に比べたらまだまだ若いです。

ちなみに、還暦のお祝いには、赤いちゃんちゃんこや赤い座布団がよく贈られます。これは昔の暦で、六十年で生まれた干支に戻り「赤ちゃんに還る」という意味のならわしです。また、「赤は魔よけの色」という意味も含まれています。

さて、先の還暦の他にも「古希《こき》」（七十歳）、「喜寿《きじゅ》」（七十七歳）、「傘寿《さんじゅ》」（八十歳）といったお祝いがあります。

それぞれの漢字から、何歳のお祝いか予想ができます。

たとえば「喜寿」。別の漢字で「㐂寿」と書きます。何歳かわかりますね。七十七歳です。

では、「米寿《べいじゅ》」。これは何歳のお祝いでしょうか。八十八歳です。「米」が「八十八」を組み合わせた漢字から来ています。

「白寿《はくじゅ》」。これは九十九歳のお祝いです。「百」から「一」をとると「白」になりますね。だから九十九歳のお祝いなのです。

それぞれのお祝いでは、家族が長寿の祝い事をします。還暦では先のように赤にちなんだプレゼントをすることが多いですが、他のお祝いでは特に決まっていません。もちろん、長寿のお祝いに限らず、年に一回の敬老の日に感謝の気持ちを込めてお祝いすることは望ましいことです。手作りプレゼントや言葉のプレゼントでもいいのです。

皆さんがお年寄りになる時代は、日本は今よりもお年寄りの割合が高くなると言われています。「五人に二人が六十五歳以上のお年寄りになる」というデータもあります。ちなみに今は、四〜五人に一人の割合です。今後の日本には今以上の高齢化社会が訪れます。多くのお年寄りが大切にされる世の中にしていきたいですね。

一言ヒント

「㐂寿」「米寿」「白寿」などは、実際に板書して子どもたちに考えさせると、「なるほど」と納得します。

九月下旬

秋分の日―彼岸花のイメージをふくらませながら

九月二十三日（うるう年は二十二日）の秋分の日は「祖先をうやまい、なくなった人々をしのぶ日」です。三月の春分の日と同じように「彼岸の中日《ちゅうにち》」と言われています。

皆さんの中にはお墓参りに行く人も多いと思います。自分の命は親がいるからこそ生まれたものです。

また、皆さんの親にもその親である祖父母がいます。そして、祖父母にもまた親がいるように、ずっと先から命はつながっています。

もし、その祖先のうち誰か一人でも欠けていたら、自分という人間は存在しないのです。

また、皆さんの中には家族や親せきが亡くなったという経験がある人もいると思います。縁のあった皆さんを思い出すことも大切なことです。

秋分の日あたりから咲く花に「彼岸花」があります。名前の通り、お彼岸の頃に咲きます。枝や葉がない赤い花で、皆さんも見たことがあると思います。

別名を「曼珠沙華《まんじゅしゃげ》」と言います。「天上の花」という意味です。おめでたいことが起こる兆しに、赤い花が天から降ってくるというところから名付けられました。

でも、彼岸花は他にも「地獄花」「幽霊花」とも言われています。毒をもっているため「毒花」と言われることもあります。同じ花なのに、おめでたい名前から不吉な名前までいろいろな名前をもっている花です。

秋分の日は四年に一回は九月二十二日です。うるう年の年です。

平年は一年が三百六十五日ですが、三百六十六日の年が四年に一回あります。その年の二月は二十九日まであります。これがうるう年です。

西暦で四で割り切れる年がうるう年になります。たとえば、二〇一二年、二〇一六年です。この年には、夏のオリンピックが開催されるので、オリンピックイヤーと呼ばれます。

「じゃあ、二月二十九日に生まれた人は四年に一回しか誕生日が来ないの？」と思った人もいるかもしれません。もちろん、そんなことはありません。うるう年ではない年は、法律上は二月二十八日に年齢を重ねることになっています。

一言ヒント

彼岸花については実物や写真で見せると、「ああ、この花か」と子どもたちは言います。それを示しながら花の説明をするとイメージもふくらみます。

十月第二月曜日

体育の日―外遊びに誘うきっかけに

体育の日は「スポーツに親しみ、健康な心身をつちかう」日とされています。十月の第二月曜日が祝日です。日本各地でスポーツに関する行事も多く行われます。マラソン、サッカーといった種目だけではなく、手軽にできるスポーツや体力測定といったイベントも体育の日に合わせて行われ、あちこちでスポーツに親しむ様子が見られます。

この体育の日は、もともとは十月十日でした。年配の人にはその方がなじみが深いかもしれません。この日は一九六四年（昭和三十九年）の東京オリンピックの開会式が行われた日です。

東京オリンピックの開会式がなぜ十月十日になったのでしょうか。それというのも、東京オリンピックは「夏季オリンピック」と言って、「夏の」オリンピックなのです。十月と言えばすでに秋ですよね。

それは「十月十日は晴れることが多いという理由から」という説があります。確かに、開会式の前の日まで台風が近づいていたのに、その日は秋晴れでした。テレビアナウンサーも、「世界中の青空を全部東京にもってきてしまったような、すばらしい秋日和でございます」と話しているのです。もっとも、その後の調査から、「十月十日が特別に晴れることが多いわけではない」という結果も出ています。

ところで、「昔の子どもに比べて今の子は運動能力が落ちている」というニュースを聞いたことはありませんか。

今の子どもと皆さんのお父さん・お母さんを比べると、十歳の子どもでは、ボール投げの記録は男女とも数メートル少なくなっているのです。ボール投げに関しては今から五十年ぐらい前の子ども（男子）の記録が一番高いという統計があります。（文部科学省「平成二十五年度体力・運動能力調査結果について」）

「テレビゲームなど部屋の中で遊ぶことが多くなり、外遊びが減った」「空き地などの子どもたちの遊び場が減った」といったことが理由として挙げられています。

健康な毎日を過ごすには運動が一番です。皆さんは、よく外で遊んでいますか？　日頃運動が少ない人は、体育の日こそ何か取り組みたいものですね。

一言ヒント

スポーツ選手にあこがれている子どもも多いと思われます。興味をもっているオリンピック選手のエピソードを入れると、さらに内容が深まります。

十一月三日
文化の日―博物館の楽しさを伝える

十一月三日は文化の日です。「自由と平和を愛し、文化をすすめる」日となっています。そもそも「文化」という言葉はどういう意味でしょう。一般的には「人類が築き上げてきた成果」を指します。たとえば「日本の文化」と言えば、茶道、落語、俳句といったものが思い浮かぶでしょう。

それらの文化の中でも、芸術や科学などは時代ごとに大きな発展をとげてきました。この文化の日には、科学技術や芸術などの文化の発展に尽くした人たちに「文化勲章」が渡されます。今まで、画家、俳優、小説家、科学者、ノーベル賞受賞者など、年に五名ぐらい文化勲章を受けています。

文化勲章は限られた人に対してですが、一般的な勲章となるともう少し多くの人に授与されます。しかも春と秋の二回にわたっての授与となります。警察官や自衛官など危険な仕事についている人、外国人で日本の発展のために尽くした人にも贈られます。

また、勲章とは違うもので「褒章《ほうしょう》」というものもあります。これは、社会のための奉仕活動に努めた人や多くのお金を寄付した人などに授与されます。人命救助をした人にも贈られる場合があります。過去には、十三歳で人命救助をして受賞した人もいます。

ところで皆さんは、博物館に行ったことがありますか。

博物館とは、ある分野に関するものを集めて展示している施設です。たとえば、美術館だったら、絵や彫刻といった美術作品が集められています。科学館であれば、皆さんが興味をもつような実験機器があります。

そのような博物館に行くと、「人類はすごいなあ。このような機械を発明するなんて」「このような絵を描くことができるとは、何とすばらしいことだ」といつも感じます。人間の偉大さを感じると共に文化のすばらしさも感じるのです。

皆さんも、ぜひ近くの博物館に出かけてみてください。きっとすばらしい文化を感じることができますよ。

一言ヒント

小さな博物館はどの市町村にも一つはあると思われます。具体的にその博物館の様子を伝えると子どもたちも「行ってみたい」と思うようになるでしょう。

十一月二十三日

勤労感謝の日—勤労と生産に感謝して

十一月二十三日は勤労感謝の日です。

勤労をたっとび、生産を祝い、国民が互いに感謝する日です。

もともと日本は昔から農業が盛んな国でした。そして、古くから神々に五穀《ごこく》の収穫を祝うならわしがありました。ちなみに五穀とは、主食になる大事な食料で、米や麦、豆などです。皆さんも毎日食べていることでしょう。

それらの収穫に感謝するお祭りが千数百年前の飛鳥時代から行われていました。それにちなんで十一月二十三日が勤労感謝の日になっています。

もちろん、今では食料生産だけではなく、働いている人への感謝の気持ちを表す日になっています。

さて、日本は昔から農業生産が盛んと言いましたが、実は今は日本で作られたものが少なくなっています。

食べられた食料の中で、日本で生産される割合を「食料自給率」と言いますが、四〇％

ほどです。五十年ほど前、その割合は七〇％を超えていたのですが、どんどん下がり続け今は多くの食料を外国から入れています。たとえば、天ぷらそばの原料である小麦やえびなどはほとんどが外国産のものです。また、日本人は一日一人あたり五十グラムの食品を残したり、無駄にしたりしていると言われています。食料自給率の低い日本ですから、感謝の気持ちをもって食べたいものですね。

ところで十一月二十三日の「二三」は、「ふみ」とも読みます。毎月二十三日は「ふみの日」です。「ふみ」は漢字で書くと「文」ですね。

手紙を書く楽しさや受け取る喜びを広める日として「ふみの日」が始まりました。今は手紙よりも、電子メールなどのインターネットを使う人の方が多いかもしれません。

でも、手紙には手紙のよさがあります。その人が直接書いた文字からは、温かみも感じられます。

この勤労感謝の日に、簡単な手紙に感謝の気持ちを書いてみましょう。皆さんの感謝の気持ちと心がきっと相手の心に残ることでしょう。

一言ヒント

「感謝」という言葉がキーワードです。「あなたが感謝したい人は誰ですか」と問いかけるのもいいですね。

十二月二十三日 天皇誕生日―天皇＝日本国の象徴

十二月二十三日は天皇誕生日の祝日です。今の天皇陛下の誕生日です。天皇は日本国憲法の第一条で「日本国の象徴」とされています。古代から代々受け継がれてきて、今の天皇は百二十五代です。

六年生の社会では、天智天皇や聖武天皇、明治天皇について学習をします。天皇は日本の歴史の中でも大きな役割を果たしてきました。

天皇誕生日は時代によって変わり、昭和時代は天皇誕生日の祝日は四月二十九日でした。今は「昭和の日」になっています。

天皇の在位期間を表すものが元号です。今は「平成」です。

もともと平成という名前の由来は、「内外、天地とも平和が達成される」という意味です。一九八九年一月八日から「平成」という元号が使われています。この平成という元号は、当時、いくつかの候補から選んだものです。

ちなみに平成の前は昭和、その前は大正、さらにその前は明治です。それぞれの元号で天皇は違います。

ところで、天皇陛下はどのようなお仕事をされているのでしょうか。

日常では多くの大事な文書一つ一つを丁寧にご覧になって、毛筆で署名されています。その文書の数は一年間で三千件以上です。

また、数多くの儀式や行事にも出られています。植樹祭や国民体育大会等の大きな行事で、ごあいさつをする機会もあります。皆さんもテレビで、行事に出られるお姿を見たことがある人もいるでしょう。

さらに、外国の大切なお客様にもお会いして、一緒に食事をする場合もあります。日本を訪れる外国の代表の方々にとっては、天皇陛下とお会いすることは名誉なことです。

天皇陛下ご自身も、国内だけではなく、海外を訪問される機会も多いものです。皇太子時代から数えて五十ケ国以上訪問されたと言われています。

このような天皇陛下のお仕事により、外国人も日本に対する理解や信頼を深めているのです。

一言ヒント

平成という元号や天皇の仕事について子どもたちに話す機会は少ないものです。この祝日は貴重な機会です。

第4章

子どもの心に留める
記憶に残したい日のお話

一月八日

平成が始まった日―「平成」ではなかったかも？

一九八九年一月八日に「平成」が始まりました。

「平成」の前の元号は「昭和」でしたが、一月七日に昭和天皇が崩御され、翌八日に元号が変わりました。

ちなみに元号とは、特定の年代に年を単位として付けられるもので、日本の最初の元号は、六四五年の大化の改新のときの「大化」と言われています。今は天皇一代に元号が一つというように決まっていますが、昔は同じ天皇でも元号が変わる場合もありました。たとえば、地震や大火事、病気の流行があったときなどには、その影響を止めるために変えました。

「平成」の名前の由来は「内外、天地とも平和が達成される」という意味です。平和への願いが表れた元号です。もともと、この元号の条件には「国民の理想としてふさわしいようなよい意味をもつものであること」「漢字二字であること」「書きやすいこと」「読みやすいこと」等がありました。確かにこの「平成」はこれらの条件に合っていますね。

「平」も「成」も小学校中学年で学習する漢字です。

元号が「平成」に決まるときには、他にも「修文《しゅうぶん》」「正化《せいか》」の候補がありました。これらの候補は、ローマ字にしたときに「昭和」と同じ「S」になり不都合が生じるのではないかという意見が出て、「平成」に決まりました。当時の官房長官が墨で書かれた「平成」の台紙を見せて、「新しい元号は『平成』であります」と放映されたテレビを見ていた国民も多かったです。

ところで平成元年は一月八日から始まりますが、それまでの一月一日から七日までは何の元号や年になるのでしょうか。それは昭和六十四年となります。昭和六十四年はわずか一週間だけとなります。この一九八九年は「昭和」と「平成」の二つの元号がある年になります。

この平成元年は大きな出来事がいくつもありました。ドイツを東と西に分けていたベルリンの壁が崩壊したり、消費税の制度が始まったりしました。当時のことをお家の人に尋ねてみると、きっと思い出話がたくさん出てくると思いますよ。

一言ヒント

元号とあわせて西暦も教えましょう。子どもによっては混同している場合もあります。

一月十七日

阪神・淡路大震災が起きた日―ボランティア元年

一九九五年一月十七日の早朝、兵庫県南部を中心にマグニチュード7・3の大地震が発生しました。神戸と洲本で震度六を観測したほか、東北地方南部から九州地方にかけての広い範囲で感じた大きな地震でした。

木造の住宅が一瞬にしてつぶれ、多くの人々が亡くなりました。あちこちで火事になったり、高速道路が壊れたりしました。その様子はヘリコプターで上空から撮影され、ニュースとして伝えられました。今まで目にしたことのない大地震による惨状に人々は驚きました。

この地震による被害は、死者・行方不明者は六千四百人以上、負傷者は四万人以上、二十五万戸もの住宅が壊れました。やがてこの地震は、「阪神・淡路大震災」と名付けられました。

今も地震が起きた一月十七日午前五時四十六分には、各地で犠牲者を悼む行事が行われています。その行事は大震災の教訓を次世代に引き継ぐための機会となっています。

ところで、阪神・淡路大震災が起きたこの年は「ボランティア元年」と言われています。一年間で全国から百万人を超えるボランティアが復興のために駆けつけてきました。その多くはボランティアが初めてという人でした。

崩れた住宅の後片付け、炊き出し、食料配付といったことをはじめ、高齢者の話し相手になったり、洗濯をしたりと「自分たちにできるボランティア」が実践されました。

それまでの日本ではボランティアといえば、それを趣味とする特別な市民が行うものというイメージでした。しかし、この大震災では、多くの市民が災害ボランティアとして参加したのです。

やがて一月十七日は「ボランティア活動への認識を深め、災害への備えの充実強化を図る」という目的をもった「防災とボランティアの日」となりました。このボランティア精神はその後も広がり、のちの自然災害のときには多くの市民ボランティアが復興のために活動しています。

一言ヒント

災害ボランティアは現地に行くことだけではありません。身近な募金活動も支援活動になることもあわせて教えましょう。

二月七日

北方領土の日―教師自身が理解を深めて

日本で一番大きい島はどこでしょうか。本州ですね。続いて、北海道、九州、四国と続きます。それでは、五番目に大きな島はどこでしょうか。

それは北海道の根室のそばにある「択捉島《えとろふとう》」です。沖縄本島よりも大きな島です。択捉島の他にも、国後島《くなしりとう》、積丹島《しこたんとう》、歯舞諸島《はぼまいしょとう》があり、それらをあわせて北方領土と言います。

これらの島々には現在はロシア人が住んでいます。しかし、日本は「北方領土は日本のものだ」と主張し、返還を要求しています。それに対してロシアは「自国のもの」と主張しています。これが北方領土問題です。

この北方領土問題に対する国民の関心と理解をさらに深め、返還運動の推進を図るための日が「北方領土の日」なのです。では、なぜ二月七日がその記念日なのでしょうか。

一八五五年に、日本とロシアの間で日露和親条約が結ばれました。この条約で日本とロシアの国境は、択捉島とその北にあるウルップ島の間とされました。その日が二月七日だったことから、一九八一年に決められました。

もともと北方領土は、日本人によって開拓され、日本人が住み続けた島々です。たくさんの動物たちが住み、キタキツネ、ゴマフアザラシ、オットセイなどのほか、森林資源に恵まれていて、ヒグマも住んでいます。また、暖流と寒流が交わっていて、サケ、マス、タラ、タラバガニ、ハナサキガニなどの宝庫になっています。

それが一九四五年の第二次世界大戦終了直後、ソ連（今のロシア）軍により不法に占拠され、現在に至っています。

今は、「北方四島交流事業」といって、北方領土にかつて住んでいた人や、返還運動を行っている人等が、実際に北方領土に行き、北方領土の今の様子を確認しています。また、北方四島に住んでいるロシア人と交流を行ったり、北方四島に住むロシア人を日本に呼んだりして、交流を行っています。このことで日本とロシアの相互の理解は以前よりは深まっているものの、返還までの道はまだまだ遠いのが実情です。二月七日の北方領土の日は、北方領土返還の取り組みを推進する日なのです。

一言ヒント

北方領土については、社会科で学習をします。教師自身が理解を深めた状態で教えたいものです。

三月十一日

東日本大震災が起きた日―未来に生きる教訓

二〇一一年三月十一日の東日本大震災は、規模がマグニチュード9・0で、日本の観測史上最大の地震でした。この地震によって巨大津波（場所によっては三十メートル以上）が押し寄せ、さらに福島県の原子力発電所が地震と津波によって電源を失って、大量の放射性物質が放出するという大事故になりました。

地震・津波・原発事故が同時に起こることは、日本でもかつてなかったことで、この震災により死者・行方不明者は二万人を超えました。また、壊れた建物も約四十万戸、避難者は多いときで四十万人以上という大惨事となりました。

海沿いでは、「地震が来たらすぐに高い所へ避難する」ことを過去の津波体験から学んでいました。

しかし、東日本大震災ではそのことをわかっていても、逃げ遅れた人がたくさんいました。地域の人の誘導のために最後まで呼びかけをしていた人、いったん避難をしたが大事なものを取りに戻った人、自動車で避難しようとして渋滞に巻き込まれた人、高い津波が来るという情報が伝わらなかった人……このような理由から、多くの人が津波の犠牲になってしまったのです。助かった人たちでも住む場所を失った人たちは避難所生活となりました。そこでは、道路が寸断されていたり、被災地が広範囲だったりしたため、食料品や様々な物資が不足する事態になりました。中には、限られたおにぎりやパンを分けあうということもありました。また、慣れない生活から体調を崩す人もいました。

そこで、日本各地はもちろん、海外からも次々と支援が行われました。食料品や薬品、生活必需品の輸送、医師の派遣をはじめ、多くのボランティアの人々が炊き出しや避難所での手伝い等をしました。直接被災地に行くことができない人も、励ましのメッセージや文房具を送り、自分たちにできることをしました。

東日本大震災後、被災地では復興に向けて歩み出しました。この二〇一一年三月十一日の出来事を未来に生きる教訓として、今も歩み続けているのです。

一言ヒント

被災地では復興と共に、東日本大震災を後世に伝える取り組みも行っています。子どもたちで被災地に行った経験がある子がいたら、その様子を話題にしてみましょう。また、当時の映像や写真を見せる場合には児童によっては配慮が必要です。

五月十五日

沖縄が本土復帰―今も続く基地問題

一九七二年五月十五日に、沖縄が日本に復帰しました。

「昔、沖縄は日本ではなかったの？」と思う人もいるかもしれません。もともとは琉球王朝として栄えていましたが、明治時代に沖縄県となってからは日本の領土となっていました。

しかし、太平洋戦争で沖縄県は激しい地上戦の末、アメリカに占領されてしまいます。その状態は二十七年間も続きました。これは日本が独立してから二十年以上も経ってのことでした。

その間、沖縄は日本が主権をもちつつも、アメリカが統治しました。そのため、アメリカ軍の基地や施設が多く作られることとなりました。また、沖縄から本土に行くためには「日本渡航証明書」というパスポートが必要でした。このような状況から、沖縄の本土復帰は、沖縄の人々はもちろん、本土の人の願いでもありました。

それだけにこの本土復帰は大きな喜びでした。それまでお金は「ドル」でしたが、「円」

を流通させるために大量の円の紙幣が本土から運ばれました。県庁はじめ、公共機関が日本の国旗を掲揚しました。沖縄から本土へはパスポート不要で行き来ができるようになりました。

また、日本への復帰を記念して、翌年には国体が開かれました。一九七五年には沖縄国際海洋博覧会が開催され、多くの人々が訪れました。

現在、沖縄県は観光地として有名です。年間六百万人から七百万人の人々が訪れます。みんなの中でも行ったことがある人がいることでしょう。冬でも温暖な気候、美しい海と島々、独自の文化というように特色ある県です。また、人口の増加率でも全国でトップクラスです。特に年少人口（〇歳～十四歳）の割合は全国でも飛びぬけて多く、「子どもがたくさんいる県」ということが言えます。

反面、面積の狭い沖縄県に占領時代に作られたアメリカ軍の基地が多くあり、問題となっている面もあります。

一言ヒント

沖縄県に旅行に行ったことがある子どもが学級にいる場合には、そのときの様子を発表させましょう。そのうえで沖縄の歴史を伝えることで知識も広がります。

六月十日

時の記念日――時間を守る日本人

時の記念日は一九二〇年に「時間をきちんと守り、欧米並みに生活の改善・合理化を図ろう」という呼びかけでできました。時間の大切さを尊重する意識を広めるために設けられた記念日です。

六月十日が記念日とされたのは、今から千数百年前の六七一年、そのときの天皇であった天智天皇が、水時計を使って鐘で時間を知らせたことに由来します。これが日本で初めて時計で時間を知らせた出来事であり、今の暦で六月十日だったのです。

ちなみにこの頃の水時計は「漏刻《ろうこく》」と言われ、いくつかの大きな水槽を使ったものでした。それらを階段状に並べて上から下へ順に水を流し込み、一番下の水槽の目印で時間を計るものでした。天智天皇をまつる滋賀県の近江神宮では、今も六月十日に漏刻祭という祭りが行われ、時間の大切さを考える機会になっています。

さて、「日本人は時間に正確」「時間に厳しい」と言われています。小さな頃から「時間を守ることの大切さ」をしつけられます。皆さんも登校するときや休み時間が終わるときには、きちんと時間を守っていますね。「遅れてはいけない」という意識を大人はもちろん、子どももももっています。

これは鉄道運行の場合は特にそうです。日本の場合、「新幹線が遅れた」というのは一分以上の場合を指しますが、他の国では「五分や十分は遅れたうちに入らない」という所も多いです。

もっとも日本人が昔から時間に厳しかったわけではありません。百数十年前の日本では「時間を守らない」ことが当たり前でした。鉄道は遅れ、工場で働く人も決められた時間に来ません。外国からやってきた技術者が、時間を守らない日本人の悠長さにあきれたという話も残っています。

それが、学校や工場、鉄道がどんどん普及するにつれて、「時間を守る」という行動が一般化してきました。確かに、鉄道が遅れて発車ということになると大きな事故につながりかねませんね。日本人が「時間に正確」と言われるようになったのは、この百年あまりのことなのです。

一言ヒント

時の記念日は、学校生活の中ではあまり話題になりません。それだけに「時間を守る日本人のよさ」をエピソードと共に伝えたいものです。

八月六日・九日

広島・長崎に原爆投下―平和を願う日

人類史上初めて核兵器が使用されたのが、広島と長崎の原爆投下でした。

一九四五年八月六日の八時十五分。アメリカ合衆国の戦闘機がウラン原子爆弾を投下しました。原子爆弾は炸裂し、猛烈な爆風が起こりました。広島市は壊滅状態となり、九〜十四万以上の市民が即死したり、数ヶ月で亡くなったりしたと言われています。

その三日後の八月九日の十一時二分には長崎市にプルトニウム原子爆弾が投下されました。死者は六〜七万人だったと言われています。

この二つの原爆投下は、人類史上経験したことのない地獄そのものでした。街中に黒焦げになった死体が重なっていました。生きている人でも、ある人は両手の皮膚がはがれて爪のところでぶら下がり、ある人は目が飛び出て垂れ下がっていました。人々は水を求めて次々と川に飛び込んで苦しんで亡くなっていきました。

広島も長崎もその後復興しましたが、被爆者はその後も原爆症に苦しむことになります。戦争が終わっても長い間苦しみ、それは今も続いているのです。

原爆の悲惨さを伝えるものとして、広島の原爆ドームや長崎の平和祈念像が広く知られています。

原爆ドームは、もともとは広島県産業奨励館という建物でした。原子爆弾によって周囲の建物もほとんどが全部壊れてしまいましたが、原爆ドームだけは壊れても形が残りました。この原爆ドームを「原爆投下を思い出す」という理由から取り壊してほしいという意見がありました。しかし、原爆のことを後世に伝えていくシンボルとして広島市では保存を決め、一九九六年に世界遺産に登録されました。

平和祈念像は長崎市にある平和公園に建てられた像です。垂直に掲げた右手は原爆の脅威を、水平に伸ばした左手は平和を、横にした足は原爆投下直後の長崎市の静けさを、立てた足は救った命を表しています。原爆の恐ろしさと平和への願いが像に凝縮されているのです。

原爆ドームも平和祈念像も、核兵器使用の悲惨さと愚かさを訴えています。私たちは唯一の被爆国として、この歴史と平和への願いを後世に伝えていかなければいけないのです。

一言ヒント

原爆ドームも平和祈念像もその画像をぜひ紹介しましょう。そこから子どもたちも多くのことを感じると思われます。

八月十五日

終戦記念日―忘れてはいけない平和国家の原点

八月十五日は終戦記念日や終戦の日と称されています。日本政府は、この日を「戦没者を追悼し平和を祈念する日」とし、全国戦没者追悼式を主催していますし、各団体でも平和集会が開催されています。テレビや新聞では、毎年のように八月十五日前後に戦争に関する番組や記事を取り上げます。

一九四五年八月十五日に、昭和天皇による玉音《ぎょくおん》放送により、日本の降伏が公表されました。これによって太平洋戦争が終わったのです。

一九三七年から始まった日本と中国との戦争、一九四一年からの太平洋戦争の二つの戦争で日本では三〇〇万人以上の戦没者（戦争の犠牲により亡くなった人）が出ました。軍人ではない多くの住民も亡くなりました。

終戦記念日には正午には全国戦没者追悼式で黙祷をします。

黙祷とは声をたてずに祈りを捧げることで、日本では大きな出来事のあった時刻に合わせて黙祷をするというしきたりがあります。終戦記念日のほか、広島・長崎原爆の日、最近では東日本大震災が起きた日に多くの国民が黙祷を捧げています。

この終戦記念日は「平和を祈念する」という点で、私たちが忘れてはいけない日です。先に述べたように二つの大きな戦争で、日本は大きな犠牲を払いました。沖縄での地上戦、広島・長崎の原子爆弾、全国各地の空襲……今も当時のことが様々な機会に伝えられています。日本国内だけではありません。アジア・太平洋の各地でも日本軍との戦闘などにより多くの人々が犠牲になりました。

戦争については、授業で学習したこともあると思います。また、学校の図書館にいくつもの関連図書があります。ぜひ読んでみましょう。過去の悲惨な歴史を知ることは、未来を生きていくうえで大切なことです。

終戦後、日本は平和な国家を目指しました。日本国憲法での平和主義（戦争放棄）はその表れです。第二次世界大戦以降の七十年あまりで戦争をしていない国は数える限りです。その中には日本も入っているのです。

一言ヒント

この日は夏休みのお盆中です。夏休み前に子どもたちに伝えることで関心も変わってきます。

九月一日

防災の日—避難訓練で備える

一九二三年九月一日。間もなく正午になろうとするときに、東京や神奈川を中心にマグニチュード7・9（推定）の大地震が起きました。関東大震災です。この地震で十万人以上の人々が亡くなったり、行方不明になったりしました。

この出来事にちなみ、九月一日が「防災の日」となりました。「政府、地方公共団体等関係諸機関をはじめ、広く国民が台風高潮、津波、地震等の災害についての認識を深め、これに対処する心構えを準備する」日とされています。

日本は自然災害の多い国です。たとえば面積が小さい国にもかかわらず、マグニチュード6以上の地震の二〇％が日本周辺で起きています。地震だけではなく、台風、豪雨、豪雪、火山の噴火等で多くの被害を受けています。一九五九年の伊勢湾台風では、五千人以上の人々が亡くなったり、行方不明になったりしています。

自然災害の被害を防ぐためには、防災訓練が大切になってきます。皆さんの学校でも地震があったときの避難訓練が行われていると思います。「お…おさない、か…かけない、し…しゃべらない、も…もどらない」の「おかしも」の約束事も習ったことでしょう。子どもだけではなく、大人も九月一日の防災の日を中心として、地震を想定した防災訓練、水害を想定した防災訓練等を行っています。また、防災週間を設けて、災害に対する心構えを準備する期間としています。確かにこのような備えがあるのとないのとでは、実際に災害があったときの行動は変わってくるでしょう。

ところで、関東大震災は日本に大きな被害をもたらしましたが、大震災直後に発足した帝都復興院の総裁となった後藤新平は、すぐに近代的な都市復興計画を立てました。まずは新たな幹線道路の建設に取り組み、現在の東京の各道路のもとを作りました。また、各地に大きな公園を作りました。それらの公園は、本来の機能であるいこいの場だけではなく、避難場所としての役割を果たしました。

これらの関東大震災の復興事業は、その後の災害復興の都市計画のモデルとなりました。阪神大震災後の神戸の復興事業でもこのときの計画を参考にしています。

一言ヒント

台風や地震で怖い思いをした子もいると思います。それらの経験をもとに、適切な避難をすることの大切さを教えましょう。

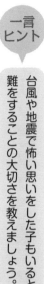

十月十日

東京オリンピック開催―アジア初開催

↓114ページも参照

一九六四年十月十日に第十八回の夏季オリンピックとなる東京オリンピックが開催されました。このオリンピックは日本はもちろん、アジアで初の開催となるオリンピックでした。

実はこの二十四年前の一九四〇年に東京オリンピックが開催される予定でした。ところが、戦争により中止になってしまいます。それだけに、このオリンピックは戦争に敗れた日本人が待ちに待ったものでした。

オリンピック開催が決まってからオリンピックまでの五年間で、国立競技場・日本武道館の建設、東海道新幹線の開業、高速道路の整備というように開催に向けての整備が急速に進みました。また、出場する選手の強化も図られました。

そして、十月十日の開会式。前日までの大雨もあがり、当日は開会式にふさわしい秋晴れとなりました。最終聖火ランナーには広島の原爆投下の日に生まれた陸上選手が、平和の象徴として選ばれました。また、八千羽もの鳩が放たれたり、ブルーインパルス（自衛隊機）が空に五色の五輪マークを描いたりと、日本国民にとっては忘れられない開会式となりました。

日本選手団も金メダル十六個とかつてない成績を収めました。この日本選手団はもちろん、海外の選手の活躍ぶりに人々は声援を送りました。東京オリンピックは大成功の中、閉会となりました。

このオリンピックは戦後の日本の成長ぶりを世界に示すものでした。特に注目されたのは世界各国にオリンピックの様子が放送されたことです。

今は、世界各国の様子をテレビで簡単に見ることができますが、その頃は技術も十分ではありませんでした。

それがこの東京オリンピックでできるようになりました。東京オリンピックは「テレビオリンピック」と言われたほどでした。ちなみにこの東京オリンピックの女子バレー決勝の視聴率は六六・八％です。この視聴率は歴代二位の記録です。

一言ヒント

このオリンピック開催日はのちに「体育の日」として祝日となりました。また、現在の体育の日は十月第二月曜日となっています。

十月十四日

鉄道の日―世界に誇る高い技術力

一八七二年のこの日、東京の新橋駅と横浜駅に鉄道が開通しました。鉄道の日は、このことを記念する日です。

当時は一日九往復、時速も三二キロメートル程度でした。それでも移動手段として鉄道が開通したことは画期的なことでした。

しかも、日本人が鉄道を実際に目の当たりにしたのは、そのわずか二十年ほど前です。短期間のうちに自力で開発し、その後三十年で七千キロメートルもの鉄道網を作ったことは、海外の国々を驚かせました。

日本は世界でも鉄道をよく利用する国です。日本で一番利用されるのはＪＲ新宿駅で、一日だけで七十万人以上の人々が乗り降りします。これは世界一と言われています。

日本の鉄道の特徴は何といっても運行時刻の正確さにあります。たとえば、先の新宿駅では、朝や夕方では三分程度で電車が来ますがほとんど遅れることはありません。これは新幹線も同じです。外国の人が日本の列車に乗るとその正確さには驚きます。

また、安全性も評判です。新幹線ができたのは一九六四年ですが、大きな事故はありません。また、新幹線の技術の開発が進んでおり、最近では中国やイギリス等に新幹線を輸出しています。時刻に正確で安全性も優れている。そして、技術が世界で役立っている。これが日本の鉄道です。

ところで、北海道と本州が離れているのは知っていますね。

実は、北海道と本州は鉄道でつながっているのです。もちろん海の上を鉄道が走っているわけではありません。海の下に海底トンネルが通っているのです。青函トンネルと言われているこのトンネルの長さは約五十三・九キロメートルです。海底部をもつトンネルとしては世界一です。

このトンネル作業は大変なものでした。海底の下にあるため、土は弱く、水が流れてくる危険も大きかったのです。その中で工事開始から二十七年をかけて、鉄道が通ったのです。二〇一六年にはこの青函トンネルに新幹線が通りました。高い技術で日本は北海道から九州まで新幹線で結ばれることになったのです。

一言ヒント

私たちが当たり前のように安心して全国各地に移動できることは、実はすばらしいことだということを実感させたい日です。

十二月十日

湯川秀樹博士・日本人初のノーベル賞受賞

一九四九年の十一月、ノーベル物理学賞が湯川博士に授与されるというニュースが日本に飛び込んできました。一九四五年の太平洋戦争での敗戦以来、混乱の中にあった日本にとって大きなニュースでした。「全世界的に最大の名誉」「万歳！」と各新聞でも湯川博士の偉業を賞賛しました。

ノーベル賞といえば、世界的な名誉のある賞で、現在でも日本での受賞者が出るたびに大変な話題になります。敗戦国で日本がアメリカに占領されていた時代のこのニュースは、日本の国民を勇気づけるものだったのです。

湯川博士の研究は物理学で、原子核の中性子と陽子の間に他の粒子として中間子が存在するという予言をしました。その考えは、当時の物理学の常識をくつがえすものだったので、あまり相手にされませんでした。しかし、他の国の研究者の実験によって、その存在が明らかになり、世界的な発見ということでノーベル賞の受賞が決まったのでした。

湯川博士は、図書館のように本がたくさんある家に育ちました。家族はみな勉強好きでしたので、おかげで、子どもである湯川博士や兄弟姉妹はみな、小さな頃から本を読むのが好きでした。

ただ、湯川博士が両親に無理やり勉強させられたことはありませんでした。父親は「自分が好きな学問を深く学びなさい」と話していましたので、湯川博士は自分から進んで勉強や読書をしていました。研究の道に進んでからもその姿勢は変わらず、自分の疑問をテーマにしたのが先の研究でした。

ノーベル賞の授賞式は一九四九年十二月十日に、スウェーデンのストックホルムで行われました。その頃、湯川博士は太平洋戦争で戦ったアメリカの大学の先生をしていました。戦争で敗れた日本でしたが、湯川博士の世界的な業績はすでに認められており、アメリカに招かれていたのでした。そのときに湯川博士は、「ノーベル賞は自分だけの光栄ではなく、全日本人の喜び」とあいさつしました。

この後、日本人から多くのノーベル賞受賞者が生まれました。特に多いのが、湯川博士が受賞した物理学賞です。これは、日本の科学水準の高さを物語っています。

一言ヒント

近年も日本ではノーベル賞受賞者が続いています。ノーベル賞の価値を説明しながら、その受賞のすばらしさを伝えたいものです。

第5章

ここぞというときに伝えたい
名言・格言で心を育むお話

▼▼イチロー

小さいことを重ねることが、とんでもないところに行くただひとつの道。

この言葉はイチロー選手が、二〇〇四年にメジャーリーグの年間最多安打を更新したときのものです。この年の安打数二百六十二本は、それまで「不滅の記録」と言われたものを八十四年ぶりに更新したものです。世界の野球選手が憧れるメジャーリーグで一人の日本人選手が樹立した偉大な記録です。

日本のプロ野球に入団した当初、イチロー選手は決して一流選手ではありませんでした。一軍と二軍を行き来するような存在でした。体も特別に大きな方ではありません。

そのような中でも自分の目標をしっかりともっていました。すでに小学校の卒業文集に「夢は一流のプロ野球選手。そのために年間三百六十日、はげしい練習をしている」と書いています。

その通りにイチロー選手は小学生から毎日努力を積み重ねます。小学校三年生から始めたバッティングセンター通いは、中学校を卒業するまで続きました。休んだのは、お店が休みだった正月だけでした。その努力は日本のプロ野球に入ってからも続いたのです。

その努力について、イチロー選手は次のようなことを言っています。

「努力せずに何かできるようになる人のことを『天才』というのなら、僕はそうじゃない。努力した結果、何かができるようになる人のことを『天才』というのなら、僕はそうだと思う」。

日本人の国民性の一つとして「勤勉や努力を重んじる」ということが挙げられます。イチロー選手はその代表的な例と言えます。「天才」と言われる人ほど、何かしらの努力をしているということも私たちに教えてくれているのです。

長い間、イチロー選手は海外のメジャーリーグで活躍し、「日本人の誇り」と言われています。「世界に誇れる日本人」「好きなスポーツ選手」といったアンケート調査(ORICON STYLE)では一位をとっています。また、「理想の上司」「理想のリーダー像」といったアンケートでも同様です。

スポーツ界のみならず、様々な分野や多くの世代にとってもイチロー選手は憧れの存在なのです。

一言ヒント

イチローは他にも「しっかりと準備もしていないのに、目標を語る資格はない」といった名言を残しています。子どもたちに伝えたい名言も多いです。

▼▼宮越由貴奈

電池はすぐにとりかえられるけど
命はそう簡単にはとりかえられない

神経芽細胞腫という病気と戦い、十一歳で亡くなった長野県の宮越由貴奈さんが書いた「命」という詩の中の言葉です。

『電池が切れるまで』（宮本雅史著・角川つばさ文庫）にその詩や闘病生活の様子が詳しく掲載されています。

五歳からの入院生活。

大好きな家族と離れての子ども病院への転院。

昨日まで病院で共に過ごした友だちの突然の死。

そして、由貴奈さん自身のこの世とのお別れ……。

「誕生のすばらしさ」「死の重さ」「共に生きていく喜び」……これらはすべて「命」があるからこそのことです。

しかもその命は一人に一つずつしかありません。おもちゃの電池を交換してまた動くというように、簡単に替えることはできません。失ったら、それで終わりなのです。

宮越さんはこの「命」という詩の中で、次のようにも書いています。

「でも／「命なんかいらない。」／と言って／命をむだにする人もいる／まだたくさん命がつかえるのに／そんな人を見ると悲しくなる」

入院して一緒に楽しく過ごした友だちが亡くなって「命が限りあるもの」と感じたからこその言葉です。

命に限りがあるのは人間だけではなくすべての生き物も同じです。

学校や学級で飼育しているウサギやハムスターの命も一つです。人間の命の尊さ、生きるもの全ての命について由貴奈さんのこの言葉があてはまるのです。

「私は命が疲れたと言うまで／せいいっぱい生きよう」……この言葉で詩は締められています。

子どものみならず、大人も自分の生き方を思わず振り返る言葉です。限りのある命、電池のように替えられない命だからこそ、精一杯生きたいものです。

一言ヒント

由貴奈さんがこの詩を書いたのは四年生のときです。同世代のメッセージだからこそ伝わるものがあります。

しつけ（一）朝のあいさつをする子に。の（二）「ハイ」とはっきり返事のできる子に。三原則（三）席を立ったら必ずイスを入れ、ハキモノを脱いだら必ずそろえる子に。

▼▼森　信三

哲学者であり、教育者でもある森信三氏が「しつけの三原則」として提唱されたのが、この三つです。

しつけとは生活の中での望ましい行動や習慣のことです。学校生活でも「きまりを守る」というように言われていますね。実は家庭では赤ちゃんの頃から多くのしつけを受けてきています。たとえば毎日の食事では、手づかみではなく箸やスプーンを使って食べます。「いただきます」「ごちそうさま」も言いますね。また、「危険なものには触らない」ということも小さい頃から教えられています。

そのようにしつけには数多くの内容がありますが、森氏はこの三つができれば他のしつけもできるようになると述べています。

考えてみたらこれらは、小学校に入る前から教えられてきたことと思います。その点では誰でも身に付けるべきしつけと言えるでしょう。しかも三つと限定されていますから集中して取り組めます。

ところで、しつけを漢字では「躾」と書きます。「身」と「美しい」の組み合わせです。自分自身を美しくするのが「躾」なのです。また、「しつけ」には別の意味もあります。着物を縫うときに縫い目や折り目を正しく整えるためにざっと縫っておくことです。これをしっかりとしておかないと、型が崩れてしまいます。

同じことは人に当てはめてみてもわかりますね。基本ができていないと人として崩れてしまいます。

さて、多くの学校では「あいさつ運動」が児童会で行われていることと思います。そのような場合には上級生がその模範になりますね。森氏も「(朝のあいさつをするためには年上である)親の方からさそい水を出す」ように勧めています。お兄さん、お姉さん方が進んで見本を見せることで下級生も真似をするものです。

一言ヒント

基本的な生活習慣は継続してこそ意味があります。今一度、森氏の名言をもとに子どもたちに徹底させたいものです。

▼▼『ROOKIES』

人に好かれたいなら　人を好きになる事だ
やさしくされたいなら　やさしくしよう
自分を信じてほしいなら　人を信じよう

日本の漫画は世界的にも有名で、海外に多くの作品が「輸出」されています。テレビや映画のアニメも海外では有名で、「千と千尋の神隠し」「ハウルの動く城」といった作品は有名な映画賞をとっています。その点では日本を代表する文化の一つであり、世界に誇れるものです。

その漫画のジャンルの一つに野球漫画があります。野球をテーマに、チームとそのメンバーの奮闘や成長ぶりが描かれている作品が多く見られます。

『ROOKIES《ルーキーズ》』（Ⓒ森田まさのり・スタジオヒットマン／集英社）もその野球漫画の一つです。

かつて甲子園に出場したこともある二子玉川学園高校野球部も今や不良の溜まり場。そこに熱血教師川藤幸一が赴任し、野球部の再建に奮闘します。

あるとき、暴力生徒である新庄が、自分を裏切って川藤に心を開いた仲間を半殺しにします。仲間から孤立した新庄に、川藤が言った名言がこれです。

皆さんは友だちをつくる場合に、何をするでしょうか。

まずは自分から好意をもつ。それが友だちづくりの第一歩であり、自ら友人にやさしくしたり、信じたりすることで友情は育つもの。

そのような原則をシンプルなメッセージで伝えています。もし、あなたが友だちづくりに悩んでいたら、どのような行動をとればよいかがわかる名言です。

では逆の行動をとったらどのようになるでしょうか。たとえば、人を嫌いになると相手はどう思うでしょうか。相手も嫌いになることでしょう。

「子は親の鏡」（ドロシー・ロー・ノルト）という詩の冒頭には、「けなされて育つと、子どもは、人をけなすようになる」とあります。

子どもたち同士の関係も同じと考えます。

やさしくすればそのやさしさが返ってくる。友だちを信頼することで自分も信頼される。

自分の行動がまるで鏡のように反射して自分に返ってくるのです。

一言ヒント

「自分が思ったことが現実になって鏡のように戻ってくる」――この「鏡の法則」は学級での人間関係づくりに役立ちます。

胸の中の〈思い〉は見えないけれど〈思いやり〉はだれにでも見える

▼▼宮澤章二

この名言は、二〇一〇年度にACジャパンが提供したキャンペーンCMに流れていたものです。

もともとは宮澤章二さんが作った「行為の意味」という詩の中の一節です。ここでは、心や思いを積極的に「行為」にすることのすばらしさを伝えています。

そのキャンペーンCMは次のようなあらすじです。

電車で友だちと楽しそうに会話をする男子高校生。そこに妊婦が乗車してきます。一瞬「席を譲った方がいいのだろうか」と迷いますが、行動を起こせません。別の女性が席を譲るのが見えました。

友だちと別れた高校生。階段を登る先にお年寄りが見えました。一瞬迷いながらも、今度は手を差しのべて一緒に登ります。

「手助けしたい」という思いが、今度は実際の「思いやりの行為」になって表れる印象的なCMです。

「思いやりの大切さ」については知っていても、実際に行動に移すことにはなかなか結び付けられないものです。たとえば、学級で困っている友だちに「何かしてあげたいな」と思っていても、すぐに手助けすることができなかったときはなかったでしょうか。そのようなときには勇気も必要になってきます。

この名言は、思いを行為にしている例として私たちの心に響いてきます。「自分も勇気をもって行動してみよう」というようにです。

もちろん、簡単に行動には移せないかもしれません。それでもいいのです。「思い」を「思いやり」という「積極的な行為」にすることの大切さを知っていれば、いつか行動に結び付くことでしょう。

宮澤章二さんは、この他にも、「自分の一歩」や「いのち輝くとき」等、心に響く詩を書いています。それらは、自分のことを振り返って、「今の自分でいいのだ。自信をもって生きていこう」という勇気をもつことができる詩です。

一言ヒント

先のキャンペーンCMは、二〇一一年の東日本大震災後にテレビでよく流れ、人々の共感を呼びました。

ひとはひとをよろこばせることが一番うれしい。

▼▼やなせたかし

「アンパンマン」といえば、子どもたちに大人気のアニメキャラクターです。大人気となったのが一九八〇年代ですから、今の親世代でも「小さい頃にアンパンマンに夢中でした」という人も多いことでしょう。

その作者がやなせたかしさんです。そしてこの「ひとはひとをよろこばせることが一番うれしい」ということを一言で表現した「よろこばせごっこ」が、やなせさんの漫画人生を支えてきました。

「人を喜ばせることでどうして自分が嬉しいの?」と思う人もいるかもしれません。やなせさんは、母親の料理作りをその例として出します。たとえば、一生懸命に料理を作って、家族が「美味しい」と喜んでいたら、その母親はやはり嬉しくなることでしょう。「自分が人のために役立った」「自分がしたことで喜んでもらえた」……そのようなときにも人は嬉しくなるものです。

だから、やなせさんは「アンパンマン」のように、人が喜び、笑う漫画を長い間書き続けてきたのです。

そのようなアンパンマンが誕生したのには、やなせさんの人生経験が関係ありました。それは「過酷な空腹体験」です。「人生で一番つらいことは食べられないこと」という考えをもつほどでした。漫画家としてもなかなか売れず、アンパンマンが人気となったのも六十歳ぐらいからでした。

そこから、「困っている人に食べ物を届けるのが正義のヒーロー」という考えをもつようになりました。それはどのような国でも変わらない正義です。アンパンマンが自分の力が減ることがわかっていても、お腹が空いている者に自分の顔（アンパン）を分け与えるのは、このような意味が込められていたのです。

もちろん、そのことによって助けられた者は喜びます。そして、その喜ぶ顔を見てアンパンマンも喜びます。これがまさに「よろこばせごっこ」です。

やなせさんは二〇一三年に亡くなりましたが、アンパンマンはこれからも多くの子どもたちを喜ばせることでしょう。

一言ヒント

やなせさんは有名な童謡「手のひらを太陽に」を作詞しています。これも生きている喜びをうたった曲です。子どもたちに聞かせたい一曲です。

▼▼栗城史多

成功の反対は失敗ではなく、本当の失敗は何もしないこと。

「成功の反対は何でしょうか?」と聞くと、多くの人は「失敗」と答えることでしょう。確かに辞書には「成功」の逆の言葉として「失敗」が出ています。

ところが登山家である栗城史多さんは、「成功の反対は失敗ではなく、本当の失敗は何もしないこと」と言っています。これはどういう意味なのでしょうか。

栗城さんは北海道出身の登山家で、世界最高峰のエベレストを気象条件の厳しい秋に、酸素ボンベを使わないで単独登頂することに挑戦しています。しかも、彼は登山の様子を自分で動画撮影し、インターネットで流しています。これは、夢に向かう過程にある楽しさや困難や苦しみも含め全てを多くの人と共有することで、皆にも「一歩を踏み出す勇気」を持って欲しいとの思いからです。それは同時に器材等の装備品や撮影による負担を増やすことにつながります。

これまで何度かエベレストに挑戦していますが、なかなか成功しません。(二〇一六年二月現在)

そのような彼に人々は「失敗した」と言います。登頂に成功しなかったから失敗と考えるのかもしれません。

ところが、栗城さんは先のように、「本当の失敗は何もしないこと」と考えます。諦めずに挑戦し続ける先に成功の道が待っているとしたら、様々な挑戦は全てその過程と言えます。それは決して「失敗」ではないのです。

逆に何事でも挑戦する前から、「自分にはできない」と諦めてしまっていることはありませんか。栗城さんも「まず一歩を踏み出すこと」と話しています。これは登山の場合にはもちろんですが、人生においても同じことが言えるでしょう。

栗城さんに限らず、多くの先人も似たことを言っています。「それは失敗じゃなくて、その方法ではうまくいかないことがわかったんだから成功なんだよ」（エジソン）。「一度も失敗をしたことがない人は、何も新しいことに挑戦したことがない人である」（アインシュタイン）……このようなメッセージから、私たちは挑戦することの大切さを知ることができます。

一言ヒント

栗城さんは凍傷のために指を九本切断しています。それでも切断した翌年には八千メートル級の登山に成功しています。その姿はこの名言に重なります。

▼▼松下幸之助

「ありがとう」と言う方は何気なくても、言われる方はうれしい。「ありがとう」これをもっと素直に言い合おう。

「もっとも好きな言葉は？」と聞かれたら、あなたはどんな言葉を選びますか。日本人では「ありがとう」を選ぶ人がおそらく一番多いでしょう。私たちが感謝するときに使う「ありがとう」。この名言の通り、言われた方は実に嬉しいものです。ちょっとしたことで友だちに「ありがとう」と言われたことが皆さんもあることでしょう。どんな気持ちでしたか。やはり、嬉しかったことでしょう。

松下幸之助さんは日本の実業家で「経営の神様」と言われた方でした。

この「ありがとう」を名言の通り日々のくらしの中で上手に使っていました。

たとえば、新幹線で見知らぬ人からみかんを差し入れられたときには、その場だけではなく、降りるときにも「さきほどはありがとうございました。とても美味しかったです」とわざわざ挨拶をするほどでした。

これだけでも差し入れた人は驚きますが、新幹線から降りたあと、その夫婦の座席が見える窓の所まで来て深々と頭を下げ、その人が見えなくなるまで見送ったといいます。

「心の底から感謝の気持ちを伝えたい」という様子が、その行為からわかります。

また、松下さんは「感謝の心が高まれば高まるほど、それに正比例して幸福感が高まっていく」と言っています。

「ありがとう」と言えば言うほど、感謝された方が嬉しくなるのはもちろんですが、確かに言った人自身も幸せを感じるものです。その証拠に「ありがとう」をたくさん言う人は嬉しそうな表情で言っていませんか。

これは学級の中でも同じですね。帰りの会で「消しゴムを貸したときに祐太君に『ありがとう』と言われた」といった発表があると、発表した子も消しゴムを貸した祐太君も嬉しいものです。

このような発表があると、「『ありがとう』という言葉で、言う方も言われる方も幸せになる」とつくづく感じます。まさに「ありがとう」という言葉の魅力です。

一言ヒント

ある保険会社の「あなたを笑顔にしてくれる言葉は何ですか？」というアンケートに、五〇％近くの人が「ありがとう」と答えたとのことです。学級で「好きな言葉」を聞いてから話をするのもいいですね。

▼▼会津藩・什《じゅう》の掟

ならぬことはならぬものです。

江戸時代の会津藩（現在の福島県）では、同じ町に住む六歳から九歳の藩士の子たちで十人前後の集団をつくっていました。

「什《じゅう》」と呼ばれており、そこには「什の掟」というきまりがありました。

「うそをついてはいけない」「卑怯な振舞はしない」「弱い者はいじめない」「戸外で物を食べてはいけない」等、社会生活を過ごすための基本的な態度です。

什によって内容は少し違っていましたが、共通していたのがこの「ならぬことはならぬものです」というきまりの最後に書かれている教えです。理屈ぬきで「守るべきことは必ず守る」という強い意志を感じます。

ここで驚くのは、「会津武士の子はこうあるべきだ」ときまりや反省会の運営を自分たちの力で行っていた点です。

毎日順番に、什の仲間のいずれかの家に集まり、年長者である什長が什の掟に背いた者がいなかったかどうかの反省会を行いました。背いた者がいれば、什長を中心に年長者の間でどのような制裁を加えるかを相談し、「しっぺ」や「絶交」といった子どもらしい制裁を加えました。

今の小学校低学年から中学年に該当する子たちが、会津武士の誇りをもち、幼い頃から凛とした振る舞いをしていた様子が浮かびます。

なお、この教えは現在も引き継がれており、会津若松市では「あいづっこ宣言」としてまとめています。

「人をいたわります」「ありがとうごめんなさいを言います」「がまんをします」「卑怯なふるまいをしません」「会津を誇り年上を敬います」「夢に向かってがんばります」の六項目の宣言です。

什の掟から続くこのような伝統的な教えは、子どもだけではなく市民の誇りになっているることでしょう。もちろん、この宣言の最後も「ならぬことはならぬものです」で締めくくられています。

一言ヒント

「ならぬことはならぬものです」という響きから厳しさのみを想像しがちですが、実際には子どもたちが自立していたことがわかります。そのことを強調したいです。

走った距離は裏切らない。

▼▼野口みずき

「努力することの大切さ」はよく言われることです。

特に実際に努力を重ねた人の言葉には説得力があります。

野口みずき選手。二〇〇四年のアテネオリンピックの女子マラソンで優勝をしました。その野口選手がいつも胸にしていた言葉が「走った距離は裏切らない」という言葉です。日々努力すること、それを積み重ねていくことの大切さをこの言葉から感じることができます。

野口選手は身長が一五〇センチメートルと小柄です。高校時代から県内では有名な選手となり、社会人になってからも各種の陸上大会でも入賞していました。それだけでもすばらしい選手なのですが、札幌のハーフマラソン大会で自分が敗れた高橋尚子選手が、シドニーオリンピック女子マラソンで金メダルを獲得したことにより、「自分もオリンピックの女子マラソンで優勝したい」と思うようになります。

そこから野口選手は、オリンピック女子マラソンに向けた猛練習に取り組みます。毎日長い距離を走る練習の支えが「走った距離は裏切らない」という言葉でした。その言葉を励みに猛練習に励み、オリンピックで金メダルを獲得するのです。

オリンピックは四年に一回しか開催されません。そこで金メダルをとるということは、選手にとって大きなあこがれです。一つの大会で金メダルをとる人は、日本人でも限られています。

その金メダリスト（金メダルをとった人々）たちは、「目標を達成しよう」という強い意志をもっていました。だからこそ、厳しい練習にも前向きに取り組むことができたのでしょう。

野口選手も同じでした。インタビューの中で「目標と聞かれたら、やっぱりドクタースト ップが掛けられるまで、走り抜くこと」「努力は裏切らない。走った距離もそうですけど、毎日の積み重ねがすごくものを言う」と答えています。

強い意志で目標に向かって努力することの大切さを、野口選手の言葉から学ぶことができるのです。

一言ヒント

野口選手は「強さの秘密は負けず嫌いなこと」とも言っています。スポーツをしている子どもたちにはこのメッセージも伝えたいです。

想定にとらわれるな。

▼▼片田敏孝

二〇一一年に起きた東日本大震災では、多くの大切な命が失われました。

大震災のあとの津波が襲う様はまさに地獄絵でした。戻れるものならあの日以前に戻りたい……被災地の人々の思いです。

そんな中、以前から熱心に津波防災教育に取り組んできた岩手県釜石市では、あの日、子どもたちがその教育以上の行動をして生き抜きました。学校の管理下にいた子どもたちはもちろん、すでに下校していた子どもたちも自分たちの判断で高台に避難したのです。

指導をしてきたのが、群馬大学大学院の片田敏孝教授です。片田教授が釜石で伝えた「避難の3原則」は次のようなものでした。

■想定にとらわれるな
■最善を尽くせ
■率先避難者たれ

この中で一番大切なのが「想定にとらわれるな」です。

人間は、自分にとって都合の悪い情報を無視してしまうものです。大震災のときにも「ハザードマップでは、ここに避難すれば大丈夫。津波で亡くなることはないだろう」と思い込んだ人もいます。

以前から片田教授は「ハザードマップを信じるな」と子どもたちに教えてきました。「いざというときには想定以上のことを自分で判断する」ということを教わってきたのでした。

その教えがあったからこそ、子どもたちは自分たちで考え行動し、率先避難者として自らの命を守ったのでした。それは、周囲の人々をも巻き込み、多くの命を守ることにつながりました。

この「想定にとらわれるな」の教えは、津波に限らず、自分の身を守るときの大原則にもなります。

同時に、様々な物事に対する考え方の一つとなると考えます。子どもたちが新たな取り組みや提案をする際にも活用したい名言です。

一言ヒント

どの学校でも毎年何回か避難訓練が行われます。そのときに具体的な行動と共に伝えたい名言です。

【著者紹介】

佐藤　正寿（さとう　まさとし）

1962年秋田県生まれ。1985年から岩手県公立小学校に勤務。

現在は，岩手県公立小学校副校長。

「地域と日本のよさを伝える授業」をメインテーマに，社会科を中心とした教材開発・授業づくりに取り組んでいる。

主な著書は『スペシャリスト直伝！社会科授業成功の極意』『これだけははずせない！小学校社会科単元別「キー発問」アイディア』（以上，明治図書）等。


朝の会・帰りの会＆授業でそのまま使える！

子どもたちに伝えたいお話75選

2016年4月初版第1刷刊　©著　者　佐　藤　正　寿
2017年5月初版第3刷刊　発行者　藤　原　光　政
発行所　明治図書出版株式会社
http://www.meijitosho.co.jp
（企画）林　知里（校正）山田理恵子
〒114-0023　東京都北区滝野川7-46-1
振替00160-5-151318　電話03(5907)6703
ご注文窓口　電話03(5907)6668

＊検印省略　組版所　株式会社カシヨ

Printed in Japan　ISBN978-4-18-221816-3